实战案例&对策系列丛书

100多家企业的内训教材

管理应急指南

主　编　白　建

副主编　秦发灵　赵贺华　陈家和　黄　伟

华南理工大学出版社
SOUTH CHINA UNIVERSITY OF TECHNOLOGY PRESS
·广州·

图书在版编目（CIP）数据

管理应急指南/白建主编. —广州：华南理工大学出版社，2019.10
ISBN 978-7-5623-6118-3

Ⅰ.①管…　Ⅱ.①白…　Ⅲ.①企业管理-组织管理-指南　Ⅳ.①F272.9-62

中国版本图书馆 CIP 数据核字（2019）第 214022 号

Guanli Yingji Zhinan
管理应急指南
白　建　主编

出 版 人：卢家明
出版发行：华南理工大学出版社
（广州五山华南理工大学 17 号楼，邮编 510640）
http：//www.scutpress.com.cn　E-mail：scutc13@scut.edu.cn
营销部电话：020-87113487　87111048（传真）
责任编辑：王荷英　林起提
印 刷 者：广州市新怡印务有限公司
开　　本：787mm×1092mm　1/32　**印张：**10.5　**字数：**186 千
版　　次：2019 年 10 月第 1 版　2019 年 10 月第 1 次印刷
定　　价：59.00 元

序

白建兄新书《管理应急指南》即将付梓，嘱我作序，我深感荣幸。我俩虽因工作关系，各在南北城市，面晤不多，但却是志趣投合的朋友。尤其在管理工作中，彼此有很多相似的见解，也进行过一些深入的讨论。白建兄不仅理论功底深厚、实践经验丰富，还擅长以讲故事的形式将自己的观点、理念娓娓道来，令人觉得饶有趣味，曾给予我不少的启发。因此，受托作序后，我在荣幸之余，也十分欣喜能够先行拜读这一佳作，相信可以获益匪浅。

我与白建兄的认识颇有些戏剧性色彩。差不多十年前，我放弃了清华博士学位，加盟新东方，致力于探索和经营中小学业务板块（K12），在业内逐渐积累了一定的知名度和影响力。作为公司战略的设计者，我在2010年创设的“新初一数学50元入口班”，一举逆转了北京新东方学校在本地市场上的长期困境（关于这一案例，本书中也有详细介绍），而“低价入口班”的做法，如今几乎被全行业模仿；作为教培行业的观察者，我从2012年起，以“小狼”为笔名，在网上陆续撰写了17篇系列文章——《教育培训行业现状分析》，被不少从业者视作教培行业的入门指南。归根结底，我是新东方诸多业务的实际负责人，我是一名管理者，我需要打造一支高质量的管理团队，并带领他们来完成上自集团、下到部门的业绩目标。然而坦率地说，新东方素来以“老师好”享有极高的声誉，但我们的管理者远非最佳。新东方的管理者常常从教师队伍中选拔，有道是“教而优则管”，但一位顶级的名师，未见得可以摇身一变，立刻成为十分出色、通人心、通人性的基层领导。因此，我会竭尽全力，采取各种方式对后备管理人才进行全面、细致、长期的培训，个中甘苦，冷暖自知。

两年前，我偶然翻到白建兄的成名大作《空降总监治乱记》，竟一口气读完。主人公江流加盟飞达后，面对错综复杂的局势、盘根错节的人事关系，庖丁解牛般逐一攻克难关，着实令人叹赏；而书中总结的，当管理者面对新环境、新项目、新团队时，应当坚持“以静制动、先立后破、遇事则急、遇人则缓”的十六字箴言，更可谓深得我心。随后，我将该书加入团队的必读书单，并在内部培训时，结合自己的经验，多有发挥。互联网时代，信息传播速度极快。不久，我便与白建兄在微信上成为网友，相互定交，并邀请他拨冗飞赴北京，给北京学校中学部、一对一部等管理者做了一次分享。古人云，读其书，想见其为人。白建兄的分享和他的著作一样，有鲜明的个人烙印：思考理性，逻辑缜密；管理经验老到，深刻洞悉人性；对企业运营理解透彻，方法实用性很强。

在我十余年的职业生涯中，接触和培养了不少管理者，也形成了自己选拔后备管理人才的标准。我认为，管理者必须为公司、为团队创造更多的价值，至少在短期之内团队不会死亡，而从长期来看能够让公司利益最大化。要想实现这一目标，我的选材标准按重视程度排序下来，依次是：价值观、内驱力与责任心、贡献度、能力。首先，价值观是基于人们不同的出身环境、成长经历、教育背景等因素，形成的衡量事物重要性的标尺，深刻地影响到大家的判断和决策。一家企业若想保障长远的发展，团队的内部成员在关键问题上的核心价值观必须趋于一致。我在新东方一直尽可能践行两条重要的价值观：通过利他来利己；愿意用短期利益换长期利益。其次，内驱力是一个人成功完成一件事情所带来的自我激励，而责任心是一个人在工作中避免犯错误的自我约束。事实上，由于管理实践的复杂性，我们很难设计出一套完美的制度，督促管理者在方方面面都做到优秀，而一旦他具备足够的内驱力和责任心，便能节省大量的沟通成本。再次，贡献度一般不属于人的自身属性，而是他过去几年来为这家公司、这个团队所做的事情的叠加，或者说产生的价值的总和。公司的运营要兼顾发展性和稳定性，因此我在选拔管理者时，不仅希望他能为公司带来直接的利益，还希望我选拔任用人的制度本身，能够起到一个示范效果、榜样作用。综合考虑人的贡献度，有两大好处，一方面可以让优秀人才在短时间内脱颖而出；另一方面，也能让那些长时间为公司努力奋斗的普通员工保有晋升的通道，不会缺乏安全感。最后，是能力，也即我们改变外部世界的力量，包括沟通能力、协调能力、执行能力、战略思考能力等等。曾经有不少人觉得好奇，问我为什么不看重能力。其实我并非不看重能力，只是我深知，相较前三条，能力是更容易改变和提升的一环。很多管理者在履职后，虽然一开始能力有些缺失，存在种种问题，但只要他肯坚持、会付出，大部分人都可以通过培训、学习和实战演练，把他的缺点至少改正到及格，还有少数人可以把他的缺点甚至转化成为他的优势。而白建兄的《空降总监治乱记》《管理应急指南》等书，立足工作实际，重方法、讲效果，道术兼施，对管理者提升业务水平帮助极大，足以成为新晋基层、中层领导的必备教材，也能令我的选材理论更加自洽。

过往一段时间，我在培养后备管理者，或与他们交流时，为了统一思想，提升信任度，尝试过各种各样的沟通技巧，有时诉诸情感，有时诉诸道理，有时诉诸权威，甚或诉诸“暴力”（惩戒）。从结果来看，诉诸道理，往往效果会最好；诉诸暴力，或许效率能最高。但我最喜欢也最推荐的方式，还是诉诸案例。要知道，情感和权威，未必令所有人心悦诚服，道理和暴力更不是每一个个体都可以完全接受的，但我们都有八卦的兴趣，爱听故事是大家的天性，案例更容易走进人心。而且更加重要的是，讲故事、说案例，往往不牵扯当事人。我们看自己的问题一般很难清楚看到，但是挑别人的错误却总是十分简单。讲故事、说案例，其实就是让我们发现别人的问题，发现问题之后再慢慢迁移到自己身上来，有则改之，无则加勉。我一向认为，最理想的团队管理状态，是在问题出现之前其内部已经积攒了大量的案例。有专人提前反复宣讲，并引导大家去判断哪些事情对，哪些事情错，进而思考在今后的工作中应当如何优化。以后如果有管理者在实践中遇到类似的情况，便不会手忙脚乱，知道该如何有效应对和处理。不谋而合的是，这本《管理应急指南》，从“关系管理”“目标管理”“文化管理”“人员管理”“绩效管理”“沟通管理”等六个重要维度，分享了四十余则精彩的案例，有具体情景，有原因剖析，更有对策和建议，足以起到未雨绸缪的作用，将很多管理中潜在的问题防患于未然，再次深得我心。

与《空降总监治乱记》不同，《管理应急指南》中“小说”的笔法和色彩稍微淡去，作者不再刻意扮演一名讲故事的人，其职业经理人和资深从业观察家的身份展露无遗。观千剑而后识器，操千曲而后晓声，相信书中四十余则案例，是白建兄对自己职业生涯与长期研究成果的高度凝练和系统总结。换言之，本书更加趋向实用，文风质朴、大巧不工，而案例典型，解读理据充足，逻辑环环相扣，可操作性极强，完全担得起“应急指南”四个字。

近年来，国家经济高速发展，国际环境一再变幻，很多企业和从业人员都面临新的机遇和挑战。物竞天择、适者生存。华为可以快速崛起成为民族品牌的骄傲，甲骨文却在互联网冬天对中国区进行大裁员；从我所处的行业来说，有许多线上教育公司烧着投资人的大把热钱，亦有不少教育培训机构默默消失，偷偷淡出我们的视野。我自己在工作之余，也常常思考公司的前景、个人的发展和未来的可能性。几天前在《人民日报》微博留言板上看到一番话，很受触动：“你所站立的地方，正是你的祖国；你怎么样，中国便怎么样。”“如果你觉得祖国不好，你就去建设它；如果你觉得政府不好，你就去考公务员去做官；如果你觉得人民没素质，就从你开始做一个高素质的公民。”我们作为企业的管理者，如果能够不断精进，提升自己的业务能力和管理水平，不仅可以收获值得期待的职业生涯，相信也能令企业管理的大环境变得越来越好。这多少算我们的社会责任，或许，也是白建兄的《管理应急指南》试图发挥的一些历史作用。

是为序。

（北京东方优播网络科技公司创始人兼 CEO）

2019 年夏，北京

自 序

随着企业竞争的日益激烈，企业对管理也越来越重视，成为管理人员是很多职场人成功的必经之路，持续学习、提升自己的管理能力也就成了很多职场朋友的不二选择。但工作、家庭的双重压力让职场朋友们很难静下心来读书学习，结果往往是一时冲动买了一大堆书，却根本没有时间读。即便利用碎片时间断断续续地读完一本书，也往往因为隔了太长时间，读了后面忘了前面，根本无法形成系统的认识，更加无法理解、运用书中的管理知识，对于解决自己当前的管理问题几乎毫无帮助。

对于多数管理类书籍的读者来说，如何帮助他们应对眼前的问题，把他们从疲于应付各种问题的窘境当中解放出来才是当务之急。只有能够妥善应对当前的工作问题，读者才能稳步累积更多经验，逐渐形成自己对管理的系统认识并最终成为一名出色的管理者。多年的咨询和培训工作让我深切地感受到：对于大多数管理类书籍的读者来说，他们最需要的往往不是系统完善的管理类书籍，而是能够让他们快速找到自己当前问题的答案和对策的书。如果他们连目前的工作都搞不定，就很难有一个稳定的环境让他们系统地学习管理，积累管理经验，更难成为一名出色的管理者。

最近两年，我举办了多场管理实战系列培训，深刻地感受到了学员们对于能够帮助他们解决工作问题的培训的需要。在培训过程中的互动也帮助我更深刻地理解了学员的痛点。我根据他们的需求调整自己的案例，以求让培训的案例更符合学员的实际情况，尽量帮助学员通过案例研讨就能够深入了解他们所面对的问题并找到好的解决方案。所以，我一直在努力寻找最有代表性的案例，而非所谓的最佳实践。因为对于大多数企业、大多数人来说，他们离最佳实践还有非常遥远的距离，对于他们来说，妥善地解决那些常见的问题才是最能提升他们的绩效的途径，是否能够解决这些常见的管理问题才是决定他们是否能够坐稳管理职位的关键。

这种立足于实践的培训给我带来了意想不到的成功，靠着粉丝们口口相传，让我能够不依赖培训机构而独立开班，参加培训课程的学员日益增多。因为种种原因，有很多粉丝无法参加我的培训课程，他们希望我能够用一种更方便的方式让他们也能学习这些课程。于是，我以这些培训课程为蓝本写了这本《管理应急指南》，希望能够帮助那些急需提升管理能力以应对工作问题的朋友们快速提升管理能力。如果有读者能够未雨绸缪，先行阅读这本书，我相信对于他们日后从事管理工作也将大有裨益。

根据80/20原理，管理人员80%的业绩取决于大约20%的问题。只要我们找出这些对绩效影响最大的问题，给出恰当的解决方案和思路，就有可能帮助读者大幅度提升他们的管理业绩。基于这种思想，本书精心挑选了管理工作中常见的42个案例故事，并对每个案例进行了深入的剖析，给出解决方案和工具，帮助碰到类似问题的读者照方抓药解决自己的问题。至于如何灵活变通，系统认识自己的问题，我想那是站稳了脚跟，有了更多经验积累之后才应当考虑的目标。成为一个合格的管理者才是很多还没有找到管理工作节奏的朋友们首先需要考虑的目标。

“以读者为中心，帮助他们解决他们最为迫切的问题。”这个著作理念得到了众多粉丝和企业的认同，很多读者都迫不及待地等待本书的出版。同时已经有超过100家企业决定选用本书作为内训教材。

这本书能够顺利出版，首先要感谢在我的培训课堂上积极参与互动的同学们，部分案例就源于他们的精彩分享。还要特别感谢新东方集团东方优播的CEO朱宇先生，他不仅亲自为本书作序，而且本书中的一个精彩案例也源于他的实践分享。最后还要感谢华南理工大学出版社，出版社的林老师对本书十分重视，优先安排本书的出版，使得本书能够在双十一到来之前和大家见面。

企业的情况千差万别，解决的对策也可能各不相同。互相交流能扩大我们的视野，帮助我们提升应对各种不同管理问题的能力。希望交流管理问题的朋友可以通过微信18923759659和我们联系。最后，祝大家工作早日步入正轨，成为一名成功的管理者！

目　录

第一章 关系管理

1. 管理的基础：维护好和上司的关系

案例

宋总是一位在工厂管理方面具有丰富经验的职业经理人。某私企老板李总为了提升公司管理水平，不远千里，驱车到宋总家里，力邀宋总加盟他的公司。李总为了让宋总相信自己的诚意，不但让出了自己的总经理头衔，并且让所有中层管理人员都在一张集体军令状上签字：任何人员不得阻挠改革。如果宋总因为改革的需要，对这些中层人员进行调整或者辞退，任何人都必须无条件服从。最终宋总被李总的诚意打动，同意加盟李总的公司。

宋总到公司后，在推出了一些诸如改善员工居住、伙食条件等赢得人心的措施后，就立即开始着手重塑企业文化，强化工作纪律。为此，他制定了企业基本规范十条。为了把规范彻底落实到位，宋总亲自组织员工进行讨论，组织全员学习、考试，并采取了排名奖罚、执行日期事前公布、责任人处理、部门领导违纪率排名、定期张榜公布等手段来保障实施效果。在这个问题上，他获得了李总的大力支持。在用铁腕处罚了一些李总的心腹和主管之后，公司纪律也随之出现空前的好转。

随着纪律的好转，工作业绩开始显著提升，人均产量提升了21%，产品不良率降低了42%（从7.4%下降到4.3%）。公司人均产能、产销量、质量、成本指标均创历史最好纪录。

在显著的成绩面前，一心希望在李总的公司攀上职业发展新高峰的宋总却在加盟公司5个月之后黯然选择了辞职。按照他的话说，他感觉自己被李总的越权管理掏空了。李总的一个家庭会议比他开几个会的效果总和还要强。他的决议很难执行下去。宋总认为不能指望换个工头就带着一帮泥腿子建设摩天大楼，他希望更换一些不合适的管理人员，可是都被李总否决了。李总甚至专门成立了一个监督委员会，有了这个监督委员会，宋总的很多工作方案都受到质疑。这让宋总的工作开展变得极为困难。同样一个事情，宋总安排下去和李总安排下去往往有截然不同的效果。

由于彼此之间的分歧，宋总和李总之间的关系越来越疏远，按宋总的话说，他和老板李总之间的陌生感已经成为常态。最终身心疲惫的宋总选择了辞职。

分析

一提到关系，很多读者可能都会联想到庸俗的人际关系。他们认为正是这些庸俗的人际关系恶化了职场氛围，导致管理效率低下。要想提升管理效率，首先就应该旗帜鲜明地反对庸俗的人际关系。如果是纯粹为个人私利而拉帮结派的小团伙关系，从企业的角度出发肯定应该全力反对、打压。正常的人际关系是团队高效协作的前提，这也是很多公司都努力推进团队建设的根本原因。关系的对立必然导致工作配合缺乏信任，影响工作效率。案例中的宋总也说了，他和老板之间的陌生感已成为常态，这种陌生感最终导致宋总离职。所以，管理人员必须意识到团队关系的积极性，要重视团队关系维护，尤其是要重视和上司之间的关系维护。良好的关系是帮助自己发挥能力，提升价值创造的重要手段。

从这个案例来看，宋总绝非无能之辈。他能够让李总不远千里亲自驱车上门求贤，能够在很短的时间之内就让公司纪律出现空前的好转，还能在短短的5个月之内就把人均产量提升21%，不良率降低42%，这些实打实的成绩都证明了他的能力。

即便宋总做出了这么多成绩，他最终仍然选择主动离开，这恐怕是很多人最初没有想到的。大多数人都认为“空降兵”离职的原因一般是做不出成绩，而宋总的案例却打破了这种成见，宋总是在做出成绩之后离职。按照宋总自己的说法，他离职的根源在于他和老板李总之间缺乏信任和良好的关系。这种剧情发展似乎有点不可思议，当他还没有加盟李总公司的时候，李总就千里迢迢登门拜访，邀请加盟。为了让宋总免去后顾之忧，李总甚至要求所有中层管理人员签下军令状，必须无条件地配合宋总的改革。但为什么李总却在宋总取得明显成绩的时候疏远宋总，任其离开呢？

宋总认为他们之间的合作失败源于双方之间价值观和思维模式的巨大差异。从宋总描述问题的方式可以看到，宋总是一个事情导向型的人，说话做事讲究条理逻辑。他在考虑问题的时候往往会先考虑理由是否成立，然后接受或者反对。而他的老板李总很可能是一个关系导向型的人，他的判断更多地取决于相关人和自己的关系，根据双方之间的关系决定自己应当支持还是反对。

宋总按照自己对事务的理解处理工作，比较少去考虑事情背后所牵涉的人际关系。这种思维模式导致他忽视了李总在改革的过程中的感受。宋总只是觉得事情应该这样做就去做了，而关系导向型的李总认为他是在争夺控制权，就更加不肯信任放权。从宋总的描述可以看到，李总通过家庭会议推翻宋总的决议，通过监督委员会限制宋总的管理权。双方思维逻辑的差异导致彼此都难以理解对方的行为，不断产生误会，最终逐渐疏远并“分手”。

这种糟糕的人际关系约束了宋总能力的发挥，最终也让他失去了一个本来可以大展宏图的机会。宋总碰到的这种情况绝非个案，而是相当有代表性的问题。个案问题可以通过回避来解决，小概率事件不会一再发生。但对于有代表性的问题，回避往往会大幅度压缩管理者的发挥空间，所以更应该积极研究合适的对策。

首先，管理者必须认识到和上司建立良好关系的重要性。管理人员更应该积极调整自己的工作方式和沟通方式，尽量去适应自己的上司，而不是期望上司都是善于纳谏的唐太宗，用过高的标准要求自己的上司。一般情况下，比较现实的做法还是改变自己，学会积极维护自己和上司的关系，提升自己的适应能力。这样做才能够拓展自己的生存空间，助力自己的职业发展。

从上述这个案例来看，宋总是一位经验丰富的管理者。这让他能够快速发现问题，解决问题也得心应手。但丰富的经验往往也会让管理者忽视自己和上司的沟通。尤其是事情导向型的管理者更容易犯这种错误，他们觉得事情已经很明朗，没必要浪费时间和自己上司进行沟通。这种自行其是的行为往往会给关系导向型的上司带来心理压力，可能会因为缺乏了解而反对他们的决定。上司的反对会让宋总这样的管理者感到莫名其妙，如果双方都不就这个问题进行深入的沟通，最终就会失去相互的信任。

所以，从管理者的角度来说，必须关注上司的想法，要和上司积极沟通，不要因为自己是管理方面的专家而忽视了上司。只有获得了上司的支持，管理者才能得到更大的发挥空间。所以，在一定程度上，经营好和上司的关系也是提升工作绩效的重要手段。

在现实中，很多上司都是非常专业的，掌握的信息也较为广泛，让上司了解自己的工作可更容易获得他们的专业意见和资源支持，让自己的方案更完善，更有把握。把上司排除在外实在不是明智之举。

经营和上司的关系也有助于确认自己的工作目标。面对同样的局面，每个人的需求不一样，对问题的判断就可能不一样。为了保证自己的工作目标合乎上司的需求，管理者与上司进行深入沟通，了解上司的需求非常必要。

所以，从这个案例来看，宋总应当积极改善自己的心态，不能以专家自居，事事都完全按照自己的想法去推动实施。而应该多和上司沟通，积极了解上司的想法，帮助上司完善他的想法，进而将这些想法落到实处。

如果认为上司的想法不切实际，也不宜贸然否定上司，而应该用探讨的心态和上司沟通此事。因为也许上司掌握了我们不知道的信息，也许上司有我们不知道的顾虑。了解越多，越容易达成共识。而且沟通的过程本身也是建立良好关系的过程。

如果上司仍然无法接受，不肯改变自己的决定，管理者也必须明白，如果自己想在公司继续工作下去，最重要的工作目标就是实现上司的目标，而不是实现给自己订立的目标。所以，此时管理者应当根据上司的要求调整自己的工作思路。不少管理者会认为这是阿谀奉承，对企业不利，但是对于这个问题应该换个角度考虑，自己难道一定正确吗？也许上司的思路更合适呢？实际结果才是最有说服力的。如果最终结果证明上司当初的想法不合理，一般情况下，上司都会调整改善。相比一次的成败，和上司之间良好互信的关系显然更重要，良好的关系将有助于后续很多工作的顺利推动。所以，即便从事情本身的角度来看，也没有必要为坚持一件事的做法而与上司决裂。

当然，如果管理者认为这个上司的水平和职业操守存在问题，确实不想合作，那就另寻舞台吧。

2. 新官上任三把火，合理吗？

案例

李先生最近从一家知名企业跳槽去一家中小民营企业做采购经理。到了公司之后，李先生发现公司的采购管理极为混乱。采购员甚至会为了满足供应商的要求，超出计划需求数量下单给供应商，导致公司内部库存积压，仓库管理人员经常抱怨。此外，根据他的经验，公司的采购单价有些偏高，他怀疑这些采购员和供应商有不正当关系，中饱私囊。

同时，采购工作随意性很大，下单给供应商经常是只有一个电话，很多时候根本就没有采购订单，更不要说供应商回传确认。往往是在供应商送货过来之后，才根据供应商的送货数量制作采购订单。有的时候明显是供应商超量送货，采购员也会根据供应商的送货数量下订单，让供应商送的货都可以入库。李经理觉得这种操作存在很大的风险。这家公司的收货工作都是由采购员完成的，因为仓管根本不知道供应商送来的什么货应当收。这也让李经理很不满意，他认为收货本身不增值，采购员应该集中精力去做好供应商开发、议价、绩效管理工作，而不是把精力浪费在收货这种没有价值的工作上面。但几个采购员对这些工作乐此不疲，而且还以此为理由，推脱自己很忙，认为自己为公司做了很多工作。

李经理对这几个下属感到非常失望，于是开始私下准备更换采购人员。李经理知道自己是新人，与公司其他人交情薄，关系少。人事部的王经理平时和那些采购员说说笑笑，说不定和那些采购员的关系非同寻常，这件事只能自己暗中筹备。他决定从部门绩效考核入手解决这个问题。他了解到采购部一直没有绩效考核，对采购工作缺乏明确的考核标准。他认为正是因为这个才导致采购部工作散漫。他找到了老板陈总，谈了自己到公司之后发现的种种采购乱象。陈总对此也是痛心疾首，对李经理一来就发现了这么多问题的表现表示赞许。他说自己招聘李经理过来，就是看中了李经理以前在大公司的工作经验，希望他能够多为公司引入一些大公司的正规管理流程，把采购工作导入正轨。李经理顺势提出自己希望在采购部推行绩效考核制度的建议，通过绩效考核敦促采购人员改进工作。对此，陈总表示同意，并鼓励李经理大胆地改革，自己会支持他的改革决定。

得到了陈总的支持，李经理感觉自己拿到了“尚方宝剑”。于是在第二周，他就以自己以前公司的采购制度为蓝本，制定了一个详尽的采购制度，同时推出了 KPI 考核。李经理特意召集采购部开了一个会议，把打印好的采购制度和绩效考核文件发给采购部。不出李经理所料，几个采购员看了这些制度和考核标准之后一脸惊疑。李经理表示，公司希望自己整顿采购部，提升管理效率，这个采购制度和 KPI 考核都是参考自己以前的公司所制定的，要想成为一家大公司，就必须像大公司那样严格管理。大家沉默了一会儿，一个采购员说：“这种管理制度虽然好，恐怕不适合我们公司。现在我们找供应商合作都很难，如果还要降低成本，要供应商提升质量，供应商很难配合我们。这恐怕是行不通的。”

李经理道：“别人能够做到，为什么我们就做不到？不要总是找借口，要多想办法。你如果总是觉得做不到，就会有很多借口。但如果保持一定要做到的信念，就会有很多方法。别人能我们也能，我进公司就是要推动采购部改革的，采购部不能再像以前那样混日子了。”会议最终不欢而散。

可是第二天，李经理一到办公室，就有三个采购员向他递交了辞职信，一句话也没有，往他的办公桌上一放，掉头就走。另外两个采购员倒是没有辞工，不过一个表示自己家里有事，要请假回去一趟；另一个表示自己身体不舒服，要去医院看看。这种情况让李经理气得脸通红。

仓库的物料到了，没人收货，车间又过来催急料，李经理自己一个人忙得团团转。晚上，李经理还在办公室加班，就被陈总一个电话叫到了办公室。陈总先称赞了李经理的工作劲头，然后话锋一转，说李经理应该先融入公司，不要贸然推出这么剧烈的改革，自己已经安抚了几个采购员，明天他们都会回来上班，改革的事情则等过段时间再说。

李经理感到强烈的挫折感，于是第二天他选择了辞职。

分析

对于管理人员，尤其是肩负改革重任的管理人员来说，往往都喜欢在上任之初就推出雷厉风行的改革措施。很多管理人员认为新官上任就是要通过“三把火”烧出气势来，否则以后工作就难以开展。可惜很多管理人员都不清楚“点火”的要诀，导致“三把火”没把陈规陋习烧掉，反而火势倒卷，烧到了自己。

李经理的错误在于，他在根本不了解企业的实际的情况下就贸然进行剧烈的改革，也根本没有听取执行者的意见和反馈情况，而是采取强压的方式推进改革，这直接导致了下属的集体抗议，最终也导致李经理的改革夭折。不少管理人员会责怪老板陈总出尔反尔，关键时刻变卦。可如果换位思考一下，如果我们处在陈总的位置，恐怕也很难坚定地支持李经理这样的改革。公司虽然管理水平低下，急需提升，可在改革的时候也要注意维持业务正常运行。一个能够在一天之内让所有下属都撂挑子的管理人员，有几个老板敢坚定地支持他?

有的读者可能会指责采购部拉帮结派，阻碍改革。但从采购员的角度来看，他们的处境相当危险，李经理的改革本来就是奔着处理他们的目的去的，他们拼死一搏也是人之常情。失败的关键不在于这些人拉帮结派，而在于李经理在推出改革措施之前根本就没有对他们可能拉帮结派的情况采取任何防范措施，或者说李经理根本就不知道这些人会拉帮结派。错误的认知导致了错误的行为，让局面无法收拾。

这些采购人员的工作方法和业绩确实无法让人满意，采购部确实存在很多问题，但李经理作为一个部门经理，首要的任务是维持部门的正常运营。让部门的运作陷入瘫痪肯定不是老板所期望的。李经理现在的做法就好比为了挖出几只老鼠拆掉了整座房子，没有哪个老板能够接受这样的结果。

对于新任管理人员，尤其是外部空降的新任管理人员来说，往往都肩负着上司的殷切期望，希望马上做出业绩获得公司的认同。但在一个混乱的组织中，往往缺乏有效的制度和流程，更是缺乏书面工作记录。很多工作都是根据经验完成的，这导致新任管理人员需要耗费更多的时间去熟悉和了解以前的工作，接手的难度相当大，这也是空降管理人员“阵亡率”较高的一个重要原因。

有些新领导对于这些潜在的困难不屑一顾，他们认为自己左手持有老板给的“尚方宝剑”，右手有多年积累的先进管理经验，肯定可以让团队的问题迎刃而解。他们常常像案例中的李经理一样快速推出剧烈的改革措施，希望能够快速改变现状。他们相信重病还需猛药医，但他们忽视了猛药虽然有时候能治好重病，但对于身体虚弱的病人却往往是一剂催命毒药。在一个非常混乱、缺乏流程、缺乏人才的组织中推行剧烈的改革，会和用猛药医治久病体虚的病人一样危险。

对于上司来说，改革增效固然重要，保持正常运营同样重要。这就要求新任管理人员要在保持运营稳定的情况下逐步推动改革。要想在平稳运营的同时逐步推动改革，获得熟悉企业当前情况的老员工的支持就至关重要。新任管理人员可以亲自到工作现场去了解实际情况，但这种方法很难快速全面了解情况，因为有些潜藏的暗礁，没有到浮出水面的时候，新任管理人员很难看得到。所以，新任管理人员还需要通过和熟悉实际情况的老员工进行沟通来了解情况。

对于从内部提拔的新任管理人员，他们熟悉部门的情况，还可以快速推出一些改革，但对于外部空降的管理人员来说，融入团队，熟悉实际情况，维持正常运营才是最重要的目标。先继承，后发扬，如果完全抛弃过去，很容易引发团队的不安，甚至引起上司的不安。忽视实际情况的改革方案往往本身也存在难以落实、可行性不高的缺陷，也很难获得上司的认同。只有真正熟悉了团队的实际情况，才更有可能提出有针对性的解决方案，“三把火”才能烧对地方。

3. 四招摸清团队现状

案例

陈总原本在公司总部财务部负责成本核算工作，最近被调到下属一个效益一直不佳的子公司担任总经理。公司总部希望能够借助陈总在财务成本核算方面的经验控制子公司的成本，提升经营效益。

陈总到了子公司之后，马上展开了密集的调研，每天都会约见好几个下属到他的办公室沟通，试图打开局面。每次沟通，陈总都向大家了解当前成本高的根本原因。可是大家好像除了聊些不痛不痒的问题就无话可谈，导致很多沟通都变成了陈总一个人的宣讲会。陈总也试图让下属谈谈对公司当前的运营的看法，可大家往往都是表示坚决服从公司改革的需要，表示一定积极配合陈总的改革工作，然后就沉默了。这让陈总感觉有点无可奈何。

也有一些下属反馈了一些问题，可多数都是反馈其他同事的问题，和陈总需要了解的改革问题八竿子打不着。对于这些棘手的人际关系问题，陈总都采取了回避的策略，要求他们在这种危难时刻要团结一心，努力提升企业经营效率，不应该窝里斗而影响企业绩效提升。

沟通了半个月，陈总无奈地发现自己几乎没有获得任何有益的进展。对整个团队的情况仍然缺乏清晰的了解，更不清楚自己改革的方向到底在哪里。继续沟通已经没有意义，自己还是应该积极行动起来，在行动中发现问题，解决问题。

为了降低成本，陈总推出了严格的成本控制流程。所有的成本费用都必须经过他签字之后才可以入账报销，几位副总都认为这样会影响正常的业务合作，但陈总坚持先做了再说。结果导致施工队的工程款都因为票据问题无法付款，最终引发施工队的停工威胁。虽然双方在协调后问题得到了解决，但陈总的威信已经一落千丈。

分析

新任管理人员要想烧对“三把火”，首先就要搞清楚团队的现状。一方面要搞清楚事情，了解团队当前面临的核心问题是什么，了解到底哪些问题是根源问题，了解有哪些目标相对较为可行，另一方面要搞清楚人，团队成员的能力特点、工作态度、彼此之间的关系都是需要了解的重点问题。只有了解清楚这些情况，管理人员才能有的放矢，为自己后续的管理奠定基础。

混乱的团队往往问题盘根错节，员工军心涣散。对于新任管理人员，尤其是外部空降管理人员来说，如何快速了解这些信息是一个棘手的问题。很多管理人员认为充分了解情况之后再采取行动是书生之见，根本不可行，往往还没等管理人员摸清情况，老板可能就不耐烦了，那个时候想行动都没有机会了。所以，要想打破这个困局，关键还是在于行动，通过行动发现问题，找出机会，不断尝试，不断调整，最终找出一条可行之路。

如果按照这种思路，很容易就陷入“败兵先战而后求胜”的困境。对于管理人员来说，进是错，等也是错，到底该怎么去找到改革的突破口呢？

想快速摸清现状其实并没有管理人员想象的那么难。只要找对方法，在老板失去耐心之前摸清团队现状、找到合适的解决方案是完全有可能的。中医用“望闻问切”快速掌握病人的病情，管理人员也可以通过“望闻问切”快速了解团队的实际情况，为后续提出解决对策提供充分的信息支持。

第一步是“望”，即观察环境，搜集信息，初步了解情况。在这个阶段一定要尽可能快速了解情况，基于掌握的信息形成初步印象，避免因为不熟悉情况而犯下根本性的错误。

要想迅速了解情况，有几个捷径：

（1）了解团队的价值链和工作流程。管理的目标是创造价值，通过对价值链的了解，管理人员能够快速了解团队价值创造的过程，借此了解团队的核心业务。很多时候，价值链和流程是重合的，通过对流程与价值链的分析对比，可以找到流程的缺陷，为以后的改革提供方向。所以管理人员要关注实际流程，流程必须是建立在企业的运营模式和组织架构基础上的，还会受到历史原因的影响。了解流程，也可以发现企业的很多问题。此外，要想改革流程，也必须先了解当前的流程的弊端，了解改革可能产生的影响，尤其是对相关人员的影响，这样改革流程的时候才知道要做哪些铺垫工作。案例中的陈总希望降低成本，但是如果没有从价值链找出企业业务增值的关键环节，就难以剔除那些无效环节而降低成本。而各个部门的负责人往往又因为缺乏信任，不肯指出关键问题，所以导致陈总迟迟无法找到工作的突破口。

（2）了解团队成员。所有重要的工作都是由人完成的，改革是否能够成功，很大程度上取决于员工，所以管理人员一定要重点了解自己的团队。这个目标可以通过阅读相关员工尤其是骨干员工的简历、工作变动记录来实现。同时可以查阅以前的一些重要会议记录和工作记录、系统记录、邮件记录。很多东西都可以说谎，但过去的记录往往会真实说明这个人的立场和一些特点。陈总收回所有费用的签字权，一定程度上也是因为他根本搞不清楚团队中到底谁可以信任，干脆就无差别地收回所有下属的权力，这样一来就让自己被彻底孤立了，难以获得下属的支持，为后来的失败埋下了祸根。

（3）了解重点工作，重大项目。这些往往都可以从公司会议记录、ERP 系统、项目管理系统中找到相关信息，也可以通过和上司沟通直接了解相关信息。重点工作和重大项目往往都是注意力的焦点，也是决定管理人员成败的关键战场。了解得越充分就越容易找出合理的对策。

第二步是“闻”，即听相关人员介绍情况，对前面了解到的情况做出进一步确认。企业的很多信息都存在于员工的大脑之中，混乱的团队尤其如此。即便在第一个阶段从各种途径搜集了很多相关信息，但要想了解深层次问题，要想找出问题的根源，还是要向老员工多取经。比如，前面案例的李经理知道采购人员缺乏能力，工作散漫，但他不知道这些人员之间的关系，所以他在提出改革方案的时候对几个采购人员联合反对自己的情况完全没有对策，导致改革失败。

陈总虽然也摆出一副积极听取下属意见的态度，但没有事先了解企业的关键问题环节，对相关人员也不了解，所以很难找对问题点，而被下属避重就轻地摆脱。他始终无法获取有价值的信息，最终导致因为缺乏信息而误判问题，使自己陷入困境。所以，为了避免下属避重就轻，用那些无关痛痒的问题应付自己，管理人员必须事先找到关键的问题点。必要的时候，要求下属就这些关键的问题点发表意见和看法。这样下属就很难继续用上面的套路来敷衍自己了。

倾听并不代表无条件地认同。高明的管理人员并不会简单相信或否定这些意见和看法，他们只是把这些信息作为以后判断问题的一个参考。他们像医生一样，把新获取的信息和前期获取的信息作对比，确认哪些信息经过反复确认后可信度较高，哪些信息彼此矛盾，需要进一步确认。

第三步是“问”，即提出关键问题，进一步确认相关问题的真实性，了解问题的根源。能否问出深层次的问题很大程度上依赖于对事情的了解深度。所以一定要通过前面两步了解了大量情况之后才能进入提问环节，否则就算问了问题也往往流于表面，甚至偏离关键，无法为管理人员后续采取有效对策提供信息支持。从陈总的困境我们可以看出这一点，他问大家觉得成本高企的根本原因是什么，如果下属真把自己知道的问题告诉他，他就会要求他们解决这些问题，这时他们就陷入了困境。因此对于这种问题，不太可能得到有深度的回答。

但如果陈总问他们，某某环节并不增加价值，却配备了 5 名员工，对此他们有什么看法。这个时候对方就很难敷衍了，如果继续敷衍，这也能说明这个人的工作态度存在问题。所以，问的关键在于要切中要害，而是否能够提出要害问题又取决于前两步的对问题了解的深度。

针对关键环节提问，针对自己观察到的信息和对方介绍的信息偏差进行提问，往往可以帮助管理人员深入了解问题的根源，获取更多有价值的信息。此外，管理人员在发现对方的观点和自己掌握的信息不一致的时候，也可以请对方告诉自己有这样的观点的原因和依据，或者请对方解释与自己观点不一致的原因。通过深入地挖掘获取更多有价值的信息。

第四步是“切”，即对前面三种手段搜集到的信息进行求证、确认，做出正确判断，为后续管理工作提供依据。前面三种途径搜集到的信息如果前后一致，可信度就相对比较高。在没有相反证据的情况下可以先将其默认为真实的，然后根据这些信息提出工作的方案和对策。但更多时候，管理人员通过几种途径搜集到的数据会前后矛盾，互相冲突。这个时候管理人员就需要搜集更多、更可靠的信息，找出真相。一般来说，实际情况是客户提供的信息具有很高的可信度，所以管理人员要懂得复核信息的真实性，向一线操作人员、客户了解实际情况。管理人员也可以根据自己的经验或者可信度高的行业数据来推断通过前面三种途径搜集来的数据的可信度。

在了解清楚实际情况之后，管理人员可以根据事实反过来判断当初“闻”和“问”环节中员工的特点和立场，判断谁说了真话，谁故意隐瞒了重要信息，谁的观点过于偏激，谁完全在掩盖事实。这些关键信息能够帮助管理人员在以后的工作中预先识别潜在的风险，找到自己的盟友，也将有利于管理人员正确地选择工作目标，推进改革工作。

4. 构建良好的团队关系的技巧

案例

M 工厂的陈老板为了加强内部管理，从外部挖来了一位资深的管理人员英总，让其负责企业内部的管理。英总是行业资深人士，在本行业拥有丰富的管理经验。陈老板希望英总能够快速理顺企业内部管理，提升管理的绩效。英总却告诉陈老板，虽然自己一定会尽全力提升企业的管理水平，但是公司现在比较动荡，自己需要先融入团队，在了解情况之后稳步推进改革，而不是贸然改革，导致太大的动荡，目前，安定局势才是首要任务。陈总对英总积极融入团队的做法很赞赏，希望英总能够尽快带领工厂走出困境。

英总来到公司之后没有像以前的厂长一样整天待在办公室里，他每天大多数时间都泡在车间。他利用自己丰富的经验帮车间管理人员解决了不少问题，尤其是好几个困扰车间制造已久的问题。此外，英总注意到车间的 5S［即整理（seiri）、整顿（seiton）、清扫（seiso）、清洁（seiketsu）、素养（shitsuke）］比较差，环境不够整洁，物料和工具摆放也不合理，为此他和车间管理人员商量探讨，并提出自己的方案供车间管理人员参考。有时候，他发现一些乱扔的废料时，不像别的领导那样斥责现场管理人员，而是自己把废料捡起来扔到垃圾篓，这让现场其他管理人员感到羞愧。

英总下班之后也不像以前的厂长那样马上回家。他住在工厂提供的宿舍，平时喜欢找人下棋、打乒乓球，很快他就能够喊出很多人的名字。有的管理人员提醒英总，作为上级应该保持一定的威严，不能太随和，否则以后很难管理下级，英总听了也只是笑笑，说感觉这边的员工还好，大家都挺讲道理。

两个多月之后，英总推出了一些管理规章。最终的结果让那些觉得英总和下属走得太近而难以对企业进行严格管理的同事大吃一惊，新规章制度执行得相当顺利。而且在推行的过程当中，英总也没有像以前的厂长那样动辄处罚，很多事情他都会先问原因，和员工沟通。虽然其间也处罚了一些人，但是总的来说，新制度的推行相当顺利，几乎没有遇到什么大的波折。

分析

一些管理人员总是先入为主，认为老员工已墨守成规，改革不能指望他们。事实上这仍然是管理人员没有和下属构建积极的关系所导致的，管理人员根本没有得到下属的认同，改革自然难以推行。

人往往愿意配合自己喜欢的人而做出一定的改变，完全不肯接受任何改变的人是非常少的，一个部门都是这种人的概率那就更低了。从英总成功的改革也可以看出，还是有很多人被他的善意感染，所以他的改革最终获得了员工的支持并取得了成功。所以，认为老员工顽固、无法改变的想法是不可取的。改革受到抵触可能是因为改革根本不切实际，也可能是因为宣传工作没做到位，员工心里有误解和顾虑，还可能是因为员工根本不认同推出改革的管理人员。

历史上不乏成功的改革，最终都是大多数人接受了改革，这也说明大多数人都是可以转变的。如果有了相当的支持，少数顽固派的反对也不会影响大局。所以，管理人员应该切实做好多数人的工作，努力取得他们的认同和支持，不要因为有几个顽固派，就彻底否定整个团队。

但这样做需要解决好一个棘手的问题：区分顽固派和大多数需要引导的中间派。解决这个问题的关键在于管理人员要走进员工的内心，倾听他们的想法。不走近他们，不听他们表达自己的观点和看法，不观察他们工作，管理人员怎么知道他们之间的差异并准确区分他们呢？如果无法区分他们，用一个笼统的老员工去概括他们所有人，那只能把很多可以争取的员工推到自己的对立面。管理人员只有充分了解了员工，才能清楚员工之间的差异，才能知道哪些员工可以一起奋斗，哪些员工需要清理。

对于很多员工来说，往往是因为亲近而支持，不是因为支持而亲近。如果管理人员和他们不亲近，很难得到他们的支持。要知道改革往往意味着更大的工作量、更高的工作要求，却未必能在短期内给员工带来明显的收益。所以，要想员工支持自己，就需要先走入基层，了解员工。

案例中的英总这一点就做得非常好。他和员工下棋、打乒乓球，和员工沟通对一些工作的看法，这让他能够快速了解他的团队，为后续顺利推行改革奠定了坚实的人员基础。

了解团队之后，只能说知道应该重点做好哪些人的宣传工作，争取哪些人的支持，真要让员工支持自己，还需要做更多的工作。如何争取团队中老员工的支持是困扰很多管理人员的棘手问题。

中国人崇尚民以食为天，美酒佳肴一直都是建立良好关系的有效手段。很多时候一起聚个餐是加强双方关系的好办法，尤其是对于基层员工。在这过程中，几杯酒下去，说几句亲近的话，彼此之间的关系马上就会上一个台阶。因此对于急需快速拉近和员工之间关系的管理人员来说，吃饭往往是一个投资小、见效快的选择。

有些管理人员认为这样做很俗气，有点公私不分，不是一个好的管理者应有的做法。但真正判断管理人员好不好的标准是能否解决当前的问题。那么，如果通过喝酒吃饭能够快速拉近和员工的关系，获取他们的支持，提升工作效率，那又为什么不可以和员工一起喝酒吃饭呢？手段本身不重要，实现目标才是最重要的。

通过仔细研究案例中英总的做法，我们会得到一些有意义的启示。帮下属解决困扰他们的难题，一起做一件有难度的事情，往往能够促进共事的人们之间的感情。我们说有几种感情会让人终生难忘：一起同过窗，一起扛过枪。说的就是这个道理：同甘共苦的经历是感情最好的催化剂。而且帮下属解决困扰他们的难题也是管理人员了解公司情况和了解下属能力的好机会。在解决难题的过程中，下属的态度、能力都会被暴露出来，这比看资料、听下属自卖自夸要准确得多。

很多管理人员认为新官上任，要做的事情很多，自己的事情都忙不完，哪里还有时间去帮员工解决他们的问题？

这种观点，忽视了管理者的本质。管理是调配资源、实现客户价值的过程。管理者不同于执行者，执行者主要是通过自己直接完成工作而实现自己的价值。管理者更多的是通过帮助下属提升效率来实现自己的价值。如果管理者把自己执行放到比辅助下属工作更重要的位置，那就远离了管理的核心，即调配资源。这种管理当然也很难取得成效。管理者能力再强，也是一个人，如果无法有效调动员工，让员工积极行动起来，团队的效率不可能提高。

事实上，管理人员之所以忙，是因为把太多的事情都背在自己身上了，下属被问题卡住时根本无暇顾及，故难以取得成绩。管理者应该优先考虑如何把这些工作分配给下属，帮助下属承接更多工作，而不是一直想办法让自己做得更多。

要想把工作成功转移到下属身上，需要先了解下属的意愿、能力。而要实现这两点很大程度上要先和下属建立积极的工作关系，如果下属根本不接纳管理者，所有的转移都无从实现。从这个角度来说，管理者，尤其是新管理者，应该积极帮助下属解决他们确实无法解决的工作难题，通过帮助下属来建立良好的关系。

只有下属能够分担相应的工作，管理人员才能从繁忙的低层次问题中脱身，去解决更重要的问题。这样整体的效率才能提升，团队也可以通过不断挑战更高层次的目标而成长。

要想收获，先要播种。要想让员工承担，先要建立信任和关系，世上没有不劳而获的事情。所以，作为管理者，要想得到一支有执行力的团队，首先要做的事就是了解团队，获得团队成员的认可。

5. 空降管理者的首要工作：安定人心，鼓励实干

案例

供应链总监江流在查阅公司的工作记录时，生产计划部的李勇打电话请他到生产现场去。他感觉有些诧异，但还是动身前往生产现场，想看看到底出了什么问题。到了现场后，让江流感到有些意外的是，已经有好几个管理人员聚集在那里，并且叽叽喳喳地议论着什么。看到江流过来了，大家又争

吵了几句才断断续续止住了话头。

这时李勇带着气愤的语气向江流抱怨说："产品都快要包装了，我也向客户回复可以发货了，但到现在才发现这个产品面板不行，不能发货。我们这么多管理人员都是干什么的？为什么没有早发现问题？为什么总是要等到发货的时候才发现有问题？"李勇一连问了好几个为什么，显得很气愤，他人长得瘦瘦的，显得很精神，此刻因为激动，脸已经发红。

江流没有说什么，示意李勇先冷静一点，然后查看了一下那个有问题的面板，面板明显较为陈旧，不像是新的。

江流正要问话，制程质量主管何平赶紧辩解说："这不能怪我们质量部。质量人员是巡检，又不是全检，不可能发现每个问题。这么明显的问题，生产部应该先发现的，即使不能判定，请我们巡检人员过来看一下也就不会发生这种情况了。"

生产部张经理连忙辩解说："其实当初投放这个面板的时候，我下面的人就感觉不对了，但我们觉得物料是仓库发的，我们只管生产，仓库发出来的应该都是良品。这事应该问仓库，这种明显不合格的物料为什么会发到生产线?"

仓库的经理徐荣发大声说："这怎么关我们仓库的事？这个物料是 IQC 检验合格的，我们仓库不过是照单发料，物料是否合格怎么也成了仓库的事情?"

IQC 的负责人刘振辉辩解说："IQC 也是抽检的，我们又不可能每块面板都拿去检验。那么多物料，谁也不能保证没有不合格物料遗漏。"

一时间，大家都七嘴八舌地争吵起来。好一会儿，大家才发觉江流到现在还没有说一句话，不禁停止了争吵向他看过去。

等到大家停止了争吵，江流满脸严肃，用平缓而沉重的语调说："我很理解大家现在的心情，大家都想把事情做好。可是目前我们很多机制都不健全，各方面的问题也特别多，在这种局面下出问题的概率自然很高。所以现阶段，我们有一些问题是很正常的，是难以避免的。"江流看到大家紧张的神情有些缓和了，又说道："但是，公司为什么请我们来？请我们来就是希望我们能够解决问题。这些问题很难在一天之内都解决掉，但是我们要努力做到将问题逐步解决，让公司的状况越来越好。我也相信只要我们大家齐心协力，这些问题最终一定会得到解决的。所以我也希望大家不要太紧张，把心态放平稳，尽力去做好自己手头的事情。只要大家都在解决问题，问题总会越来越少的。”

分析

对于问题频发，急需变革来理顺管理流程，提升效率的团队管理者来说，他们很容易犯的一个错误就是追究错误的责任。一直以来，我们所学习的解决问题的思路都是找出错误，改正错误，但在找出错误的过程中不可避免地要找出错误责任人。一旦管理人员顺着这个思路往下走，下属就难免紧张，注意力会转向如何掩盖问题，把自己择出去。正如上面案例沟通中看到的，所有相关人员都极力撇清自己的责任。而作为管理者，问题是明摆着的，现在下属各自都说不是自己的责任，很容易让管理者认为下属在愚弄自己，因此往往就更倾向于要查清事实，在这个过程当中，氛围自然会紧张起来。而这种紧张的氛围对于管理者构建关系、推动实现工作目标往往会产生负面作用。

案例中的江流就深知其中利害，明知道有问题，却不追究下属的错误，反而轻描淡写地用几句话就把责任问题带过了。因为江流深知，目前自己最重要的责任是尽快让工厂恢复正常运营，让想做事的员工行动起来。做得多，错得多，尤其是在管理混乱、流程不清晰、缺乏有效配合的时候，更容易出错。在这种情况下，追究责任更容易让有心做事的人心生顾虑而踌躇不前。

江流不追究责任的另一个原因是，没有任何证据证明这个错误是人为的错误，也就是说即便不追究责任，这个错误也未必会进一步扩大。从这个角度来看，就更没必要在这种急需安定人心的时候追究错误责任了。

不追究责任，这只是让员工暂时放下包袱。要想让员工如管理人员所期望的那样积极行动起来，还需要管理人员释放出更明确的信号。所以，江流在指出错误在所难免之后，接着就指出公司请他们来是要解决问题的，希望他们都行动起来，积极去解决问题，做好手头的工作。这番话就是释放明确的信号，即自己更重视问题解决，不会特别追究解决问题过程中犯的错误。这样的表态就进一步把想做事的员工的包袱卸下来了，能够让他们更积极地投入到工作之中。

同时，江流的这种表态也给那些想混日子、不求有功但求无过的员工提了个醒：自己要的是业绩，不是没有错误，所以混日子的人要改变自己的工作方式。这样的表态比那些不顾员工的顾虑，一味宣传实干精神的做法高明多了。员工不会关心管理人员所宣传的，他们更关心怎么做更符合自己的利益。

问题摆在那里不解决也是不行的。所以，江流在宣传了自己的管理思路之后就开始沟通解决实际问题。由于下属没有被追究责任的心理包袱，还想着要在新领导面前表现自己解决问题的能力，这个时候，问题就很容易得到解决。这个结果证明，江流不追究责任，关注问题解决的管理思路是正确的。

外部空降的领导很容易引起员工的警惕，使员工产生紧张情绪。所以管理人员在最初接触他们的时候往往会发现员工不会和自己进行深入沟通，往往都是在说一些四平八稳的场面话。很多员工都认为说得越多，自己的麻烦可能就越多，正所谓言多必失。但是他们不说，管理人员就无法了解真实的情况，也很难了解员工的特点。但管理人员也不能责怪下属不敢说真话，因为保护自己是人的天性。所以，要想真正走入群众，还需要管理人员懂得营造良好的沟通氛围。此案例中的江流和上一个案例中的英总都是经验丰富的管理者，他们都采用了先缓和紧张氛围，然后构建关系的做法，都取得了预期的成功。

管理人员应当积极和员工多加接触，从熟悉产生信任，从信任产生支持。新领导往往会给员工带来不安全感，但很多时候这不是新领导的错，只是因为和员工彼此之间没有互相熟悉，缺乏信任而已。但这也不是员工的错，对陌生人，尤其是对陌生的领导保持一定的戒备也是人之常情。

员工很难相信一个陌生人，更难相信一个拒人于千里之外，用无形的鸿沟隔开双方的人。相反，员工喜欢能够和自己打成一片，甚至是和自己一样的人。英总和员工下棋、打乒乓球，这都是为了与员工多接触，进而建立信任。

有的领导觉得这些行为都不过是做样子，自己宁可坐在办公室里思考深刻的问题。还有的领导，认为如果自己不喜欢那些活动，也没有必要为了迎合员工的喜好而去做那些自己不喜欢的事情。事实上是，优秀管理者取得成效的原因往往是他们在必要的时候愿意为获得成效而采取他们不喜欢的方式工作。过于在意自己的感受而不解决问题，不是一个优秀的管理者应该采取的工作态度。

要想获得团队成员的信任，新领导需要避免采取咄咄逼人的态度。可能新领导自己都没有意识到这个问题，他们可能只是生气这么简单的问题也出错。虽然心情可以理解，但是生气与凌厉的语气都无助于问题的解决，反而会恶化问题。

下属一旦意识到领导容易生气，以后就会有意识地掩盖问题，掩饰自己的真实想法而避免得罪领导，这种虚伪会形成一层无形的屏障，把领导和员工与外界的真实隔离开来。所以，领导在没有获得下属的认同之前，对待错误时的语气要特别注意，只要不是原则性、主观故意的错误，语气不要太强烈。响鼓不用重锤，有些事情点到即可，没有必要过于严厉而让对方难堪，更没必要给员工下马威。因此，领导提出问题的语气与方式可以更柔和一点，比如“你们可以试试这样”“我以前的公司一般都是这样做……效果还不错，你们参考一下”等。有理不在声高，领导的权威也没有必要通过立威来体现，而是应该来自业绩的提升，来自自身的专业性和修养。

6. 坚持原则，切割不当利益团伙

案例

D 公司下属的一个 C 工厂加工成本一直居高不下。每次公司的销售部门向工厂施压，要求降低成本，工厂的负责人胡总都强调各种困难，并强调自己的质量做得好，成本自然也会高一点，一分钱一分货。公司领导对此非常不满意，经过了几年的拉锯式沟通，发现情况仍然没有任何改善，成本高的问题反而越来越严重，各种关于总公司准备替换胡总的传言开始冒了出来。

胡总已在工厂深耕多年，他早已逐步更换了核心管理团队，经过这么多年的苦心经营，已经把所有的核心岗位都换上了自己的心腹。针对总部传出的对他不利的传言，他早已和心腹们订立了攻守同盟，如果公司采取任何威胁他们地位的措施，他们就集体辞职，让工厂的业务陷入瘫痪。

公司新上任的总经理汪总经过一年多的沟通之后，发现没有取得任何实质性的改善。汪总决定采取行动，他研究了工厂的人员编制，也参考了类似其他公司的人员编制，认为工厂的人员起码超标 30% 以上；其次，工厂存在严重的人力资源过剩问题，工厂的很多工程师都毕业于名校，而且工作时间都在五年以上，这相当于很多竞争对手公司的主管、经理的标准，在一定程度上导致工资水平过高。

从市场调查公司获取的信息来看，公司的物料采购价格明显偏高。这种

价格和C工厂每年过十亿的采购金额明显不符合。最终，他找到总公司副总张总，决定让张总过去接手C工厂。

张总带了总公司保安部的几个人一起去C工厂，一到工厂，他马上宣布公司辞退胡总，同时没收了胡总的工作电脑，命令胡总在半个小时之内离开工厂。

胡总走后，张总立刻召开管理人员扩大会议，在会议上宣布了公司辞退胡总的决定，自己将暂时代理工厂总经理的职务。他要求各位管理人员要以公司利益为重，正确履行自己的职责。同时要求各个部门的负责人在一周之内给自己一个各自部门的工作计划，他会跟他们逐一沟通工作。

第二天，各大部门的负责人集体提出了辞职。出乎这些负责人意料的是，张总毫不犹豫地批准了他们的辞职请求，并且要求他们立即交接工作。所有部门总监的职务都暂时由部门的副总监暂时代理。

批准了这些总监的辞职请求之后，张总把副总监们都召集到一起，一方面通知他们总监集体辞职的消息，要求和外部接洽的相关部门立即把人事变动的消息通知外部公司和相关部门，同时要求这些副总监接手制订部门的工作计划。在和这些副总监进行了一些相关的沟通，结束了和他们的谈话之后，张总给工厂的管理团队发出了一封电邮，宣布了这些总监辞职的消息，同时也宣布了公司对于制度坚守的原则。他表示公司无意进行大规模裁员，也不会降低现有工作人员的薪酬福利，但是公司绝不接受不正当行为。此外，所有人员离职带来的空缺都会优先开放给现有工作人员，前提是他们要能够通过公司的面试考核，在核心岗位的要提交工作计划。

出乎胡总和他的那些心腹的意料，借助从下面提拔起来的管理人员的支持，张总很快就稳定了局势。很多供应商表示愿意和D公司继续保持合作关系，不少供应商还表示可以配合D公司的降本计划。

分析

上述案例中张总的做法看起来非常冒险，几乎一下子换掉了整个工厂的核心团队。这种做法如果运作不好，有可能会导致工厂的运营瘫痪。虽然最后没有出现这种灾难性的后果，但张总的成功是否只是一种侥幸？

虽然我们在前面几个案例中都强调了稳定团队的重要性，但是这都是有一个前提的：团队本身很难被马上取代，而且内部也没有足够的潜力可供挖掘。此外还需要团队并不存在整体抱团对抗公司的问题。所以，本着用最小的成本实现目标的原则，面对类似情况一般尽量以安抚、稳定团队为主。

而C工厂的问题截然不同，C工厂的整个团队都抱成了团，而且出现了严重的不道德问题。这种团队就像癌细胞，如果不及时处理，会不断扩散，最终影响到整个组织的健康。对待这种不道德的高管团队，采用雷霆方式快速处理是合理的，也是有必要的。

那张总的雷霆手段为什么没有出现大规模动荡，更没有影响正常运营呢？因为他具有以下几个有利条件。

（1）C工厂人员数量过多。前面说过很多工程师的资历都相当于竞争对手公司的主管、经理级别，人员超标至少30%。就是说即便比较多的人员流失，内部也有足够的人员可以提拔任用，人员断档的风险不大。严重过剩导致工厂成本高，但也为张总实施这种雷霆改革提供了人员基础。

（2）胡总拉拢的都是高层，但中下层对胡总并不是很认同。而高管团队离职一般不会对短期运营造成太大的问题，因为这些人根本不负责日常运营业务，这也使他们的离职对日常业务运行的冲击降到了最小。

（3）供应商配合。公司存在的问题是成本过高，也就是说和公司合作的供应商往往都赚了钱。在这种情况下，一方面开拓更低价的新供应商比较容易，另一方面旧有的供应商也不太会选择和那些抱团的高管共进退而停止供货。

此外，张总的正确应对也帮助了他快速摆脱困境。当所有部门总监集体辞职施压的时候，他扛住了压力没有让步。此外，他表示公司无意裁员，也无意降低员工的薪酬福利，并且把离职造成的职位空缺向内部人员开放，这个举措在很大程度上帮他赢得了中下层管理人员的支持。而在一个能力过剩、人员过剩的工厂里面，有了中下层的支持，维持日常的运营根本不存在问题。

有不少管理者喜欢走极端，往往因为工厂整体情况不佳而否定整个团队，否定所有员工。这种极端思想很容易让自己失去潜在的盟友。要知道，利用职权谋取私利对于很多中下层的管理人员来说都是难以企及的事情，他们根本不可能获得如此大的权力。即便有一些问题，往往也是小问题，和维持工厂正常运营相比微不足道。因此应当先掌控了局势，以后逐步加强管理即可，大可不必全盘否定整个团队。

另外，张总如果怀疑这些人有问题而全部从外面聘请管理团队，那才正中了胡总的下怀。到时候胡总一伙如果煽动中下层管理人员消极抵抗，张总可能就独木难支了。

中国共产党在抗日战争时期，团结土匪、地主武装、国民党，甚至伪军，团结一切可以团结的力量抗日，最终获得了广泛的支持并取得胜利。我们管理人员也应该有这样的胸怀，要敢于相信大多数人是好的，是可以挽救的。应该先坚决维护公司的制度严肃性，打击不道德行为；先聚焦于主要矛盾，解决了主要矛盾之后再逐步理顺相关规章制度，完善管理细节，约束中下层管理人员的行为。这样主次有序，逐步解决，同时也给一些本性不坏，能够及时悬崖勒马的员工一个回头的机会，于公于私都是更好的选择。

当然，张总的成功还得益于总部汪总的大力支持。很难想象，如果换了另外一个老总，在收到工厂高层集体辞职的消息之后是否还能稳如泰山，一如既往地支持张总。汪总确实是一个泰山崩于前而不变色的领导，有了这种领导的坚定支持，张总才能坚定地推动变革直至成功。

汪总能够下定这种决心，是因为他对胡总团伙问题有很清醒的认识。现在面临的是威胁到公司长远生存的问题，为了解决这个问题，辞退几个高管，甚至忍受工厂管理出现一段时间的混乱都不是问题，这才是成大事的企业家应有的气度。

所以张总改革的成功看似神奇，其实有一定的必然性。有好的领导支持，自身应对得当，能够团结可以团结的员工，公司原本人员过多，经得起大规模流失等，都是张总改革成功的原因。这也可以说是一个非常问题采用非常手段的典型，到底该用什么手段来应对改革中出现的人员问题，很大程度上还是要根据实际情况来决定。但有一个基本原则，要在保持经营稳定的前提下改革，不要因为改革而扰乱了企业的正常运营。

第二章　目标管理

1. 清单——让管理工作更有条理

案例

李强因为工作执行力强而被提拔成为生产经理不到一个月。做了生产经理之后，李强更加努力工作，希望能早点步入正轨。但他每天忙得团团转，却总有做不完的工作。

早上，李强一到车间办公室，就发现办公桌上堆了一堆文件需要自己处理。李强一看，其中有一份是质量工程师张工的辞职报告。李强觉得张工这个人工作能力还不错，现在正需要用他，他却偏偏要辞职，想到这里李强心里就一阵烦躁。另外一份是人事王经理的孩子办满月酒的请柬，此外还有一个质量会议通知，时间是下午，自己要发言，但是还没有准备资料。上次厂长已经因为李强对质量管控不力训斥过他，想到这里，李强不禁直冒冷汗。正在这时，统计部阿萍匆匆走进办公室告诉李强，今天应该到的一种物料还没到，下午有可能会断线。阿萍正在说的时候，李强透过办公室的玻璃窗看到生产线上两位女工正在一边检查产品，一边聊个不停。他赶紧走了过去，强压住自己的怒气说道："你们别说了，小心出质量事故！"两位女工都赶紧低头干活。李强顺势在车间巡视了一圈，看着那些紧张地看着自己的线长，李强想，他们为什么不能像自己那样把生产线管好呢？

正准备回办公室的时候，李强看到那台由于故障已停机的机器到现在都没有人修理。他心里一边抱怨，一边检查了一下机器，决定自己修好这台机器。等他修好机器回到办公室的时候，阿萍早就离开了。这个时候，他看到了助理阿梅，马上问阿梅上个月的加班汇总表完成没有，阿梅面有难色道："没有，因为我不明白……""算了，算了，还是我来做吧!"李强实在没有心思去听阿梅的解释，接着他用了两个小时就做好了加班分析报告。他觉得很有成就感，但就是想不明白，为什么这么简单的工作阿梅都做不好。忙碌之间一个上午过去了。

下午一上班，统计部阿萍就跑过来说那种物料还没到，车间要停线了。李强赶紧打电话追料，并跑去调整生产任务。好不容易协调好，李强还没来得及喝口水，内线电话响了，厂长催他去开会。想到自己什么资料都还没准备，李强不禁头皮发麻，自己还有一堆的工作没做，现在又要开会，估计今天下午做不了什么事了，晚上肯定又要加班到很晚。李强不怕加班，但是让他郁闷的是，自己已经很努力地工作了，为什么还是做不好呢?

分析

上面李强遇到的问题是困扰很多管理人员，尤其是中基层管理人员的问题。之所以这么忙又没有成绩，一个重要的原因就是李强没有重点关注能够让自己做出成绩的工作。他做了太多根本做不出成绩，甚至根本不是自己职责的工作。这导致李强虽然整天忙得团团转，可团队依然缺乏绩效。

不难看出这些管理人员的问题是时间管理问题，他们应该把自己的时间专注于重要的工作上面，只有重点解决重要的问题才能提升自己的工作绩效。

如果李强能够把自己的重点放在协调生产、避免停线和准备质量会议的工作上来，他的绩效将会明显提升。但是他把自己的时间用在类似制止女工讲话、修理机器、帮助理做加班统计表等价值不大的工作上面。由于没有及时协调生产，停线后又必须花费更多的时间去协调解决断线问题，导致他浪费了太多的时间却没有工作绩效。

很多读者可能都知道时间管理四象限模型（图 2－1），但在现实当中，仍然可能会犯和李强类似的错误。出现这种情况的一个根本原因是，很多管理人员都没有真正清楚自己工作中的重要事项。虽然他们知道要做重要的事，但因为不清楚到底什么才重要，因此仍然无法按照时间管理四象限模型的要求去工作，最终也无法改善时间的利用情况，无法提升自己的绩效。

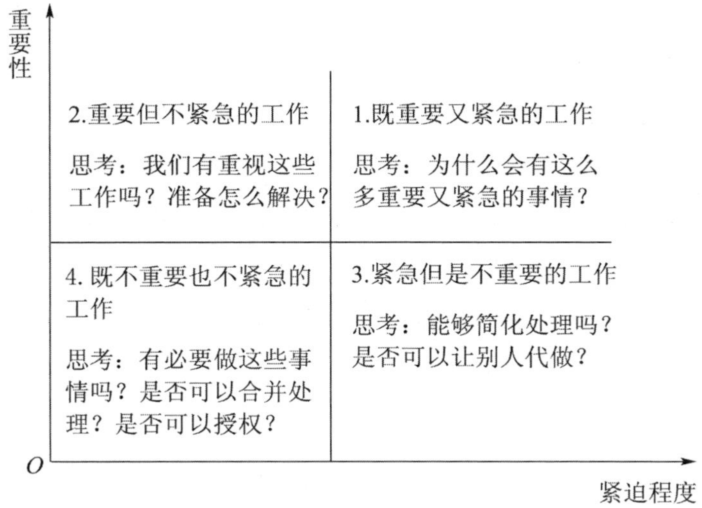

图 2-1　时间管理四象限模型

浮萍很容易被水流带动，四处漂荡，而河底的水草虽然也会随着水流摆动，但不会随水漂荡，原因在于水草有根，这让它能牢牢锁定自己的活动范围，虽然会有所调整但不会出现大的偏离。我们管理人员也是一样，如果没有自己的工作目标，不懂得如何紧紧抓住自己的工作目标，就很容易像无根浮萍一样被各种工作问题推来推去，随问题漂荡。谁催得更急，就优先配合谁；哪项工作最先跃入自己的眼睛就优先去做哪项工作。

在繁忙的工作中，有些管理人员很难准确分辨每件事是否重要。重要本身并没有一个量化的标准，对于不同的管理人员来说，他们对于重要的理解往往并不相同，有的人认为完成工作任务最重要，而有的人认为打造团队更重要，很难有统一的标准。所以优先做重要的事情说起来容易，做起来很难，并不会因为仅仅明白了这个道理就能够大大提升工作效率，就像父母经常唠叨孩子要认真学习，但仅仅只是唠叨却很难帮助孩子提升成绩一样。

要想摆脱被问题牵着走的被动局面，管理人员应该像水草紧紧抓住根部的泥土一样抓住自己的目标。陷入低效陷阱的管理人员要的不是关于时间管理的大道理，而是一个工具，一个让他们随时都很明确自己应该优先处理什么工作的工具。因此比较可靠的方法是通过工作清单明确自己的工作安排，用清单帮我们抓住工作重点，提升绩效。

清单，是指把每天（周、月）的关键工作列出来，方便使用人管理自己工作的工具。

可能有管理人员会担心，制作清单会不会浪费时间？自己每天忙得焦头烂额，工作都做不完，哪里还有时间去制作工作清单？事实上清单的制作并不会像很多人担心的那样耗费时间，清单达人花几分钟就可以做好清单，再忙的人，挤出几分钟都是能够办到的。案例中李强去修理机器、帮助理做加班统计表，这些工作都比制作工作清单耗费时间。如果忙着花大量时间去做那些没有效果的工作，却不肯为了提升自己的绩效去制作工作清单，这种想法本身就是缺乏时间管理意识的表现。

（1）清单制作。管理人员首先要花费一些时间回顾自己的工作，找出工作的方向。找到了工作的方向后，有助于帮助管理人员明白到底什么工作重要。管理人员应该在开始一天的工作之前列出自己已知的、符合这个方向的工作。对于觉得时间不足而苦苦挣扎的管理人员来说，列出足够的任务清单根本不是问题。他们反而需要注意的是防止清单内容过多，失去重点。一般来说，在清单上列出三项工作即可，最多不应该超过六项工作。如果自己总是列了太多工作而最后无法完成，应该适当缩减清单。列出之后，管理人员应该对清单上的工作按照重要和紧急程度进行排序，最后得到一个有先后次序的工作清单。

然后管理人员就可以按照任务清单进行工作。比如上述案例中的李强，他的一个重点工作方向很明显就是提升质量。根据这个方向，他应该先挽留张工，找出质量问题解决方案，然后落实到责任人。同时，提出质量解决方案本身也是参加厂长质量会议所需要准备的工作。

所以，李强在碰到新问题的时候首先要想想，这件事和自己工作清单上的任务是否相关，用这个标准去看，制止女工说话、参加人事王经理孩子的满月酒、修理机器、帮助理阿梅做加班汇总表都不是自己清单里面的工作，因此自己应该先集中精力去处理清单上的工作。

李强在开始一天的工作之前就应该先给自己拟定一份工作清单，如图 2 –2 所示。

工作清单

1. 和质量人员沟通，寻找质量解决对策。
2. 要求生产管理人员加强现场管理。

图 2 –2　调整前的清单

李强到了公司之后，人事经理孩子的满月酒这项内容没有前面的工作重要，可以放到后面，而厂长的会议通知这个事情非常重要。最好在参加会议之前拿出解决方案，而拿出方案恰好就是清单里面的第一项工作的目的，所以他只需要完成第一项工作之后，做一个整理就可以了。至于张工要辞职，如果张工是核心质量人员，他就应当意识到在和质量人员沟通解决方案之前要先和张工做一个挽留沟通，所以和张工沟通这项工作应该插入到清单的前列。而生产停线是更为紧急的问题，所以李强在收到阿萍的汇报之后应当马上把协调生产、避免停线作为第一项工作。所以这个时候，李强的工作清单变成了如图 2－3 所示。

工作清单

1. 协调解决生产停线问题。
2. 和张工沟通，挽留张工。
3. 和质量人员沟通，寻找质量解决对策。
4. 要求生产管理人员加强现场管理。
5. 参加厂长召开的质量会议。

图 2－3　调整后的清单

（2）清单的使用。后续碰到生产员工聊天、检查故障停用的生产设备、助理阿梅不知道如何做加班统计表的问题的时候，李强都应该和自己清单里面已有的工作进行对比，发现这些都没有清单里面的工作重要的时候，李强就不应当把这些工作纳入自己的工作范围，这样他就可以把自己的注意力集中在重要工作上面了。

如果清单里面的工作没有做完，那么第二天继续执行停留在清单里面的工作。比如，李强经过和质量人员沟通之后还是没找出可行的质量解决方案，那就不应当把寻找质量解决方案的工作扔到一边，而是在第二天继续优先安排这项工作，直至找出质量解决方案为止。

如果清单里面的工作都完成了，管理人员可以考虑把一些不太紧急的重要工作纳入进来，比如李强如果完成了这一天的工作，可以考虑做员工培养计划。通过提升生产现场管理人员的能力改善车间的品质管理，也可以培训阿梅，让她能够胜任助理工作。

可以看到，这张具体、直接的清单比抽象的优先处理重要工作的概念更能够让管理人员简单、快速地做出判断，更有效地指导工作，提升效率。所以，对于那些整天忙忙碌碌却没有绩效的管理人员来说，一张简单的工作清单胜过一堆时间管理的理论。

2. 如何选择工作目标

案例

江总空降到飞达公司担任供应链总监。他刚上任一周就收到了无数抱怨，市场部不断抱怨发货不及时，很多订单都无法及时发货，导致客户不满，眼看马上就要到销售旺季了，工厂再不积极行动起来，市场就可能大面积丢单。

计划部抱怨生产的速度太慢，总是达不到预定的产能，供应商的物料交期也是一再拖延。质量部检验的速度也很慢，什么事情都需要他们去催。仓库的库存数据更新不及时，影响自己计算物料需求。

生产部则不断抱怨急单太多，导致生产频繁换线。而且物料来料不良品太多，有的甚至是批次性不良。仓库退料补料程序太繁琐，速度太慢，大大影响了生产的效率。缺料情况也时有发生，造成多次紧急换线，影响生产效率。

而仓储部抱怨急单太多，而且经常没有齐套发料，导致后续补料工作量大。而且生产订单欠料都要仓库发出欠料表，每个仓管员统计、汇报的工作都增加了很多。同时各种欠料、来料不良的情况特别多，各种因为欠料、来料不良替换、超损补料而造成的补料总是打断仓管员的发料工作。

IQC也在抱怨，公司开拓的供应商太差，根本达不到公司的质量水平要求，而采购还坚持一定要用。

采购部则认为，公司需求分散，小单特别多，交期又总是很急，还要控制成本，公司的付款也时不时出点问题，找到供应商合作都很难。采购现在是求着供应商合作，内部却一点都不理解。

针对上述问题，江总决定要求市场部暂时少推新品，控制非标小订单的接单，供应链全力保障大订单的交付。在工厂内部，他停止了零库存的策略，常用物料备一定的安全库存，主流产品备成品库存。减少小工单，减少换线，提升生产效率。

分析

从市场和供应链的角度来看，江总的方案都算不上高大上，颇有点头痛医头，脚痛医脚的感觉。牺牲推新品保大单会给后续的市场拓展带来负面影响，而增加库存往往又增加了公司的资金占用，带来库存风险。这种做法可能会招致很多供应链管理专业人员的鄙视，但对于一个刚刚上任一周，所在团队积弊丛生的供应链总监来说，他根本没有时间去进行全面改革，时间不允许，恐怕老板也等不及慢慢改善，大家都需要立竿见影的解决方案。对于一个被疼痛折磨得死去活来的病人来说，立即止疼才是他最迫切的需求。这个时候对病人谈保健养生、慢慢调理根本不会有人听，反而会激起他们的怒火。对于一个被各种问题困扰的企业来说，让他们无视各种混乱，要他们坐下来学习先进管理理论也不现实。因此首先要解决眼前的问题，只有解决了紧急问题，才有人愿意支持下一步的改革，两者次序不可颠倒。

所以江总的决定很正确。首先解决公司眼前的交付问题，保住市场。有了订单企业才能生存下去，才有未来。暂时少拓展一些小客户并不会对企业造成生死存亡的巨大影响，服务好已有的大客户更为稳妥。不少人无法接受自己看到的损失，却忽视了自己将会面临的更大的损失。作为一个好的管理人员，要敢于坚持损失较小的方案，而不是总试图避免损失，如果无法接受一丁点眼前的损失，最终必然不得不承受巨大的损失。一个混乱不堪的工厂，对于一个刚刚上任一周的空降总监来说，保住核心目标更为现实。这是江总的选择，他也获得了成功。

对于管理者来说，永远都有问题排着队等着他们去解决。但是他们的资源、时间只允许他们解决部分问题。期望所有问题都得到圆满解决是不切实际的，也不是所有的问题都值得去解决，有些问题本身会随着发展而逐渐消失。

回到江总的案例，零库存管理模式往往并不适合发展中的中小企业。中小企业往往业务不稳定，和客户的关系也不像大企业的客户关系那么稳定，订单缺乏事前预测，急单较多。在这种情况下，零库存必然令企业内部响应压力大增，产生很多紧急响应成本。此外，中小企业在市场捡漏抢单的情况也时有发生，零库存管理模式也很难及时响应这种情况。中小企业还面临的一个现实问题就是供应商配合度低，订单本来就不大，小单、急单多，这样很容易导致供应商不愿意合作，进一步恶化企业的生存空间。对于没有经过市场验证的新产品，接单再备货是没有办法的办法，但是对于相对较为稳定的产品，适当备货、备料，缓解整个供应链的压力是必要的。

其次，从成本管控的角度来看，零库存也未必是最优方案。零库存虽然减少对库存资金的占用，降低了库存风险，但是可能让采购处于更难议价的被动境地，增加采购成本。同时，在意外情况较多，供应商配合意愿较低的情况下，零库存容易导致断线，降低生产效率，还会影响交付，进而影响市场拓展。这也是江总毅然摒弃零库存管理模式，采用备料、备货模式的根本原因。

管理的目的是解决问题。所以管理者应该优先选择矛盾最突出、最能为客户创造价值的目标。固守管理模式而忽视目标是错误的，手段是为目标服务的。对于一个中小企业来说，保障对客户的交付往往才是最重要的。因此为了控制库存而降低对客户的服务水平并不可取。

所以，管理者在选定工作目标的时候要关注客户到底对什么最感兴趣，什么最能为客户带来价值，或者客户最愿意为什么买单，企业要永远致力于实现客户最愿意买单的目标，企业存在的价值就是为客户创造价值，管理者需要把这一理念贯彻到自己工作的方方面面。回到江总的案例，到旺季的时候，客户最希望企业按时交付，至于企业是否采用了零库存管理模式，那不是他们关心的问题。他们更不会为了企业采用零库存管理模式而特别宽容他们的交付延迟。江总在整个供应链水平低下的情况下，不拘泥于管理模式，积极解决客户关注的问题，这才是优秀的管理者应该做的选择。

在这里需要特别注意到底谁是客户的问题。从企业的角度来说，客户无疑是它服务的、销售产品的外部对象，但是从一个管理人员的角度来看就未必如此。如果外部客户的需求和老板的需求一致，那当然不存在任何问题，大多数情况下为客户服务就是为老板服务。但当客户需求和老板的需求出现了分歧的时候，管理人员首先要明白，所谓的客户需求，其实不过是我们所认为的客户需求，这个需求带有我们自己的主观性，而老板的需求也许是他们认为的客户需求，也会带有他们的主观性。在这种情况下，应该是下级服从上级，按照老板所认为的客户需求做。当然，如果管理人员进行分析和思考之后认为老板也许搞错了客户需求，在这种情况下，管理人员可以把自己了解到的一些实际情况和分析反馈给自己的老板供他们参考。但管理人员不应当坚持自己就是对的，并因此和老板对立。毕竟，从管理的角度来说，按职权决策是必须坚持的制度。如果企业的每个人觉得上司的决策错误就可以不遵守，那么任何管理都无法有效推行。

当然，这并不是说即便上司的决策违反法律，管理人员也需要遵守。遵守法律法规仍然是最重要的。

从这个角度来说，管理者一方面要关注客户需求，要敢于为实现客户需求而调整内部的管理模式。另一方面，管理者也需要就客户需求积极和自己的上司沟通，了解上司对客户需求的理解。管理者应该通过沟通让双方的理解尽可能达成一致，然后根据达成一致后的需求调整自己的管理，让管理工作始终围绕为客户创造价值而进行。

3. 保持目标稳定，针对变化进行沟通

案例

在第一章第一个案例中，宋总加盟李总的公司工作，在其受挫之后，双方都发表了自己的观点和看法，对合作失败的根源进行了一定的探讨。

宋总认为老板李总过于急功近利，给自己施加了过大的压力。在宋总加盟公司之前，公司几个主要运营指标都表现不佳：销售方面，2008 年销售额较上年增长 -10.7%，2009 年增长率为 2.3%；质量方面，2009 年配套产品退货率为 13.8%。

宋总在信中说：事实上，在我进公司不久后，您重新调整了 2010 年的年度目标。这个目标是在前三年业绩徘徊的情况下，要求销售额增长 32.8%。

每一个空降职业经理人看到这种大幅度的调整一般都会感受到巨大的压力，相信宋总也不例外。职业经理人感觉到必须快速做出成绩，否则就难以在企业立足。

针对李总的要求，宋总认为长痛不如短痛，趁现在企业效益还好，市场还有喘息的机会，应尽快把工作重心放到规范基础管理上，否则受技术、人员素质、管理水平、执行力等诸多因素的制约，在质量、交期无法彻底保障的情况下，供货越多风险越大，等到品牌信誉出了问题再去补救就为时已

晚了。

让人倍感意外的是，李总在回信中也对宋总的管理提出了一定的批评。最重要的一个批评就是认为宋总太急，太重视业绩指标，有掠夺性消耗企业资源和潜力来换取业绩指标的嫌疑。他的原话是：我内心也希望企业发展得越快越好，但我知道，拐弯拐得太急容易跌倒，螺丝过紧容易拧断，这才是你我在授权问题上争议的关键所在。经验告诉我，企业重发展，更要注重安全，平稳的发展比忽上忽下的发展要明智得多。今天我不敢奢望企业涅槃重生，就企业的现状来看，发展的速度慢一些，至少倒掉的概率要小很多。你把业绩指标或公司的效益放到了第一位，而我并不这样认为。我的排序是：首先让企业尽可能地延续下去，能够养活这帮同乡；其次才是企业发展。尽管我对业绩指标有所要求，但这只是在次要位置。

分析

对比两个人的沟通，我们会发现李总前后的行为很不一致，甚至是自相矛盾的。一方面，他大幅度提高企业经营目标，给宋总施加了巨大的压力；另一方面他又要求宋总的改革稳一点、慢一点，从字面上让人很难理解他的真实意图。

李总当初邀请宋总到公司就职的时候，为了表现自己求贤若渴、敢于授权的决心，让每个中层管理人员都签订了承诺书，任何人只要是不符合宋总改革的需要，都必须无条件下岗。很大程度上也正是这个军令状打动了宋总，促成宋总加盟。但是从最后李总给宋总的回复中我们看到，李总又在强调自己的目标是要养活这帮同乡，与此相比，业绩其实在次要位置。如果养活同乡更重要，李总为什么还要让员工签署必须支持改革的军令状？

所以，尽管宋总在空降的过程当中也存在缺乏沟通，对于关系管理缺乏重视的问题，李总前后矛盾的工作目标也是导致宋总空降失败的重要因素。李总前后矛盾的目标很容易导致下属产生误判，并因此做出与李总期望相悖的事情。这些事情使得李总必须干预，最终导致双方产生冲突和对立，进而互不信任。

从管理的角度来说，守信至关重要。下属采取的行为往往都是基于对管理者的信任，根据管理者的想法采取的行动。如果下属觉得管理者根本不值得信赖，就容易失去继续配合、努力前进的动力。对于企业和员工来说这是双输的局面，这个案例的结局也再次证明了这一点。

要想真正解决问题，要想保持自己目标的前后一致性，关键就在于在目标制定之初就要慎重。如果管理者在制定的时候很匆忙，考虑不周，在执行过程中又不断大幅度调整，很容易让人认为始乱终弃，最终失信于人。如果这种调整对下属不利，管理者就更难得到下属的理解和认同，一个无法获得下属理解和认同的管理者也就失去了让下属创造价值的能力，变相地削减了自己的价值。我们从前面的案例也看到，宋总最终选择离开公司，这不得不说是李总的一大损失。

李总当初就应该明确自己聘请宋总的目的。到底是为了保持团队的稳定性，在现有人员的基础上做一定提升，还是为了大胆淘汰不合格人员，力争让企业以最快的速度浴火重生？李总希望自己掌舵，那就应该像一个合格的掌舵人一样给出明确的方向，这样下属才能采取明确的行动，如果掌舵人自己都很混乱，下属就很难做出让人满意的成绩。事实上，虽然宋总认为自己做出了很多成绩，但李总对他的工作还是相当不满意。

李总真实的想法可能是想要鱼和熊掌兼得：要求职业经理人在维持人员稳定的前提下实现销售目标大幅度提升。但如果是这种条件，宋总可能当初根本不会选择加盟李总的公司，至少对于他来说这是一个不可能完成的任务。

李总的这种目标变化毫无例外地加重了宋总的压力和工作难度，这很容易导致他失去宋总的信任。从后来的事情发展来看，李总确实也失去了宋总的信任，宋总最终选择了离职。

纵观整个事件，如果李总真的是一位好的管理者，他应该在制定目标之初就合理考虑对方的利益和接受程度，而不是单方面随意更改自己的目标。虽然公司是李总的公司，但是他和宋总的关系是雇佣关系，严格意义上来说，企业的目标也是双方合作条件的一部分，如果单方面更改合作条件是不恰当的。

所以，管理者一定要慎重制定目标。企业的利益需要确保，但是也不能忽视员工的利益。尤其是在人才竞争激烈的时代，忽视人才的利益的企业很难吸引人才，最终也难以得到发展。

李总大幅度调升目标对企业并没有起到积极的作用，反而导致宋总这个核心人才流失。而且可以合理推测，宋总离职之后，那个大幅度增长的销售目标最终也会不了了之。如果能预见到这种结局，李总当初就更没有必要大幅度调升销售目标。

如果目标制定之后，管理者发现目标不合理，确实需要调整，一般情况下，应该先和目标对应的执行方进行沟通。如果对方也认同情况发生了变化，需要调整目标，那完全可以在双方协商一致的情况下进行调整。如果双方都是为了让企业更好地发展，达成一致的概率还是相当高的，而且在这种情况下，由于得到了对方的认同，对方会在后续的工作中努力调整去实现新的目标，双方的合作关系也将得到进一步加强。这样比单方面随意更改合作条件更能得到下属的认同并获取他们的支持，让下属工作更加没有后顾之忧。

要想让下属相信自己，管理者就必须先守信。无信不立，这是管理的铁律。但如果要守信，就必须在承诺之前认真思考，充分分析，尽量提升自己的成功率。没有高超的分析能力和决策能力的守信如同建立在沙滩上的城堡，随时可能崩塌。只有分析能力强，决策正确率高，守信才不至于成为管理者的一个沉重负担。所以，要想慎终如始，一方面要有这种重视承诺的道德品质，另一方面还要有高超的分析能力和判断能力。

4. 让战略落地——设计运营方案，目标落实到岗

案例

在成人英语教育领域取得成功的新东方看中了 K12 教育领域的巨大市场，决心凭借自己在成人教育领域多年的品牌效应和一流的师资在这个领域分得一杯羹。可现实是残酷的，经过了长时间的宣传、低价促销，新东方在 K12 教育市场的份额几乎可以忽略。这让很多老师和基层的管理者都感到气馁，认为 K12 教育领域已经被其他先行者占据了，作为后来者的新东方很难插进一脚。

在很多人都认为新东方不可能在 K12 教育领域取得成功的时候，2011 年新东方意外实现了突破。

当时还只是新东方一个基层管理者的狼总推出了一个营销方案：价值近 2000 元的暑期数学课程仅需 50 元。低价促销的方案在这个市场上屡见不鲜，很多机构都推出过类似的促销活动。而新东方在 2010 年也曾经推出过类似方案，最后的结果令人失望，投入巨大的营销方案最后几乎没有产生影响，付费课程报名的人寥寥无几。而这次真正帮助新东方实现突破的在于这个方案

的细节。

首先，新东方一改上一年全面低价促销的思路，只推出了一门数学课的优惠促销，而且只针对小升初暑假班的学生进行促销。这让人怀疑新东方是否自己对促销都没有信心才提出这么一个方案。

最后的结果却很让人振奋，2011 年秋季班招生人数达到 400 人，相当于上一年招生人数的八倍。这是一个奇迹般的增长。

分析

很多管理人员都喜欢谈战略、制定战略目标，但只有优秀的管理人员经常能把战略目标变为现实。上面新东方的案例中，同样的员工，仅仅只是换了一个工作方案却产生了截然不同的效果。目标管理的重要性可见一斑。

2010 年新东方的促销活动没有实现预期的目标，这并不是员工不想做好，也不是他们没有执行力，而是因为没有一个合理可行的方案。

到底如何得到一个合理可行的方案？这是让很多管理人员头疼的问题。在这里我们介绍一个能够帮助管理人员把抽象的目标变成可执行方案的工具：OGSM。O 是 object，代表目的；G 是 goal，代表目标；S 是 strategy，代表策略；M 是 measurement，代表衡量。OGSM 要求使用者第一步先搞清楚自己的目的是什么，为什么要做这件事；第二步，根据前面确定的目的找到实现这个目的的关键目标；第三步，围绕前面的关键目标分别找出执行方案；第四步，找出关键指标来衡量项目是否取得预期的成效，监控项目成果。

多数时候，管理人员都知道目的。比如上面案例中，新东方的管理人员知道要提升新东方在 K12 教育领域中的影响力，要通过促销活动让更多学员接触新东方，进而把他们转化成为新东方的付费学员。

差异源于第二步：目标。团队无法实现目的是因为下面的执行人员根本不知道如何实现这个目的。平庸的管理人员只会向下属施压，而优秀的管理人员则会在下属不知道如何实现目的的时候制定出一整套方案来实现这个目的。要想得到解决方案，首先要找出需要实现的目标。

案例中狼总的目标很清晰：①通过这个活动尽可能造成大的影响，尽可能让更多家长知道新东方。②选择合适的学员参加这个项目。③提供高质量的课程，提升学员的付费招生转化率。这三个目标就涉及了销售最重要的三个任务：流量、目标客户筛选、转化率。这就比前面的要让更多学员接触新东方，引导他们参加付费课程的目的具体多了，方向也清晰多了。越是具体的方案，下属越清楚自己应该如何行动。如果目标正确，抓住了要点，就能够有效地调配团队人员，形成强大的执行力。很多团队之所以失败，原因往往是直接从目的跳到了结果，而下属根本找不到目的和结果之间的执行路径，或者说不同员工之间理解各不相同，导致团队成员如同一盘散沙，无法形成高效的执行力。

第三步：策略。目标明确之后，团队成员虽然有了一个更为具体的方向，但有的时候可能仍然不知道如何采取行动，这个时候，就需要把目标转化成为更具体的行动策略（strategy）。

在投入确定的情况下，要想在目标客户中形成比较强大的影响力，最大限度地实现广告效应，那么宣传的范围要尽可能集中。同样的宣传力度，宣传的范围越集中，宣传所造成的影响越强烈。同时考虑到学员家长的特点，小升初的学生家长往往没有明确的培训计划，最容易被促销活动所吸引。此外，狼总认为数学是最容易得到培训效果的课程，所以只针对数学一门课推出促销活动。由于方案集中在一个年级进行促销，受到优惠的学员更集中，更容易形成口碑效应，因此有利于新东方的品牌传播实现更好的宣传效果。

狼总还一改上一年把优惠名额分配给目标学校，让学校老师进行分配的做法，而是由新东方自己进行地推宣传。狼总的看法是，这个优惠班最重要的目的是宣传，对于新东方来说，招生固然重要，增加和学生、学生家长的接触机会，给他们留下良好的印象也非常重要。而学校分配名额往往都是悄无声息的，除了当事人，其他人几乎不知道这个活动，不利于扩大新东方在目标客户群的影响力。而进行地推宣传，招到的一个人就必然要向好几个人宣传，能够让更多人接触和了解新东方，有利于增强新东方在 K12 教育领域的品牌影响力，为以后的招生做铺垫。

然后是筛选合适的目标对象。做宣传活动最担心的就是参与优惠活动的不是自己期望的潜在顾客，无法实现转化。所以，狼总还必须设计一系列策略尽可能筛掉这些非潜在客户。

学校里的老师往往不是倾向于把名额分配给学习好的学生作为奖励，就是分配给学习较差的学生用于补习。但这些学生都不是新东方的目标人群，学习好的学生往往学习能力强，缺乏参加一般辅导班的动力。学习较差的学生往往没有学习兴趣，很难在短期内提升他们的成绩。从这个角度来看，把培训名额分配给学校，让老师进行分配也不是一个好主意。而地推活动是让家长主动进行选择，这样找到合适的学生参与培训优惠活动的概率更大。

新东方预先选定了一些目标意向的小区作为重点地推目标，这些小区家长的经济条件、学生的特点都比较符合培训班的目标客户特点。这种有针对性的宣传大大提升了新东方在目标客户群体的影响力。由于他们居住在一个小区，培训产生效果之后更容易产生口碑效应，有助于以后的市场拓展。

为了防止有些家长把培训班当成问题少年托管所，狼总认为必须收取一定的费用，由于新东方需要通过这个活动吸引尽可能多的家长参加优惠课程，所以这个费用又不能太高。狼总最终决定把费用定在 50 元，一个既能够让无心培训孩子的家长止步又不至于把想培训的家长拒之门外的价格。最终，这个活动取得了非常好的效果，吸引了大约 2000 名暑期班学员参加。

接着是要保障课程质量，提升学员付费招生转化率。狼总提出，按照正式上课付酬给授课老师，并且一旦暑期班学生成功转化成为付费班学生，就优先给这些暑期班的老师排课。这个激励措施免除了新东方老师的后顾之忧，无论如何，他们在暑期班上课的收益都是可以确保的。这个措施让他们可以安心打磨自己的课程，全力以赴把课讲好，而不是把新东方作为一个备胎，同时这样做又能保障课程的质量，更容易获得学生的认同。

缺乏必要的支持和资源往往是最打击团队工作积极性的。管理者需要围绕战略目标，将其分解得到各个部门、岗位的行动目标，并根据这些目标配备资源。有了合理的运营计划，才能提高目标落地的概率。

第四步：衡量。有了上面的方案，参与这个项目的员工就都知道自己应该做什么，做到什么程度，他们也有足够的资源把工作做好。只要能够把员工的积极性充分调动起来，目标就能够实现落地。所以，管理人员还需要完成 OGSM 最后的一步，即衡量。衡量员工的工作表现，针对他们的表现给予合理的回报。通过把他们的利益和项目的成败联系在一起来提升工作积极性，提升项目的成功率。

所以，在这个阶段，管理人员还需要对执行人员在多少个小区做活动、持续多长时间、登记多少名报名学员提出明确要求，通过这些指标提升引流的效果。有了足够的流量才能让整个项目运转起来。

此外，针对培训老师，狼总还提出了学员转化率必须高于 20%，否则可能取消合作的指标。这在一定程度上敦促老师不仅要专注于课程内容，同时也要关注和学生互动，建立良好关系，帮助完成付费招生转化。在这个活动中，授课老师和学生的接触时间最长，他们是最有条件和学生建立关系、帮助推动学员报名的人。这个绩效考核大大地调动了授课老师的积极性，使这些培训老师积极和学生互动，建立良好的关系。最终秋季班报名人数超过 400 人，实现了学员转化率 20% 的目标。这个项目也圆满地实现了当初破冰 K12 教育市场的目标，为以后持续扩大新东方在这个市场的影响力找到了切实可行的道路。

这个项目能够反败为胜，很大程度上是因为狼总把一个模糊的目标转化成了一个清晰的、有具体执行计划支撑的、有监控点的实施方案。有了这个方案，团队成员明确了各自的工作目标，找到了发力点，最终团队形成了合力，实现了团队目标。对于迫切希望提升团队执行力的管理人员来说，OGSM 是一个帮助他们提升执行力，推动战略落地的好工具。

5. 部门墙形成的深层次原因及对策

案例

E 公司是一家行业领头羊企业，他们的产品因为质量好而深受客户信任。多年以来，他们的质量部不仅没有因为质量已经大幅度领先竞争对手而有所松懈，反而还在不断努力提升质量水平。为了确保团队一直把质量作为企业的生命，他们甚至作了硬性规定，要求每年不良率必须在上一年的基础上缩减 8%。他们不仅努力降低成品不良率，还在努力降低制程不良率和来料不良率。

经过几年的高速发展之后，销售部开始频繁抱怨公司成本高。生产部首当其冲，被责成降本。结果让人意外的是，生产部总监高总从此和质量部总监严总成了死对头。生产部抱怨质量部不干正事，只会妨碍生产，频繁打断生产，要求质量整顿，改善他们认为的质量隐患，达到质量部要求之后，才可以继续生产，这导致现在生产部几乎不能连续生产一个小时。高总认为本来生产好好的，质量部却总是在那里疑神疑鬼打断生产。

而质量部总监严总认为，最好的质量是防患于未然，不能等到发生质量问题时才想起质量，那个时候损失已经造成。所以，质量部必须在质量问题发生之前就把潜在的质量风险扼杀掉。事实证明，这种管理措施极为有效，公司的不良率已经连续八年下降了，制程的不良率也在持续下降。和同行竞争对手相比，质量一直都是公司最引以为傲的优势。

生产部的成本一直无法下降，又和质量部吵得不可开交，于是供应链副总裁古总决定让质量总监和生产总监换岗，严总做生产总监，高总则做质量总监。古总认为，通过这种换岗能够加强他们换位思考的能力，有助于解决他们之间的合作问题，减少争吵，增加合作。

但让古总意外的是，情势并没有得到丝毫缓解。严总现在变成了一个翻版的高总，总是用以前高总的那套来指责质量部；而高总则好像被严总附体，整天说来说去的都是严总过去的那一套。两个人终于改变了立场，但是争吵依旧，这让古总始料未及。现在看来，两个部门的争执并不是因为误解，也不是因为对对方的工作缺乏理解。那到底是什么原因让这两个部门产生了如此强烈的敌对情绪呢？

分析

问题的根源在于部门的 KPI 指标上。质量部的核心 KPI 指标是不良率指标，而被市场抱怨、要求降本的生产部的重要指标是工时有效率。工时有效率指标要求制造部门在规定的时间内尽可能多生产一些合格产品，降低生产成本。而质量部之所以如此针对生产部，频繁要求生产部停线整顿，也并非出于私人恩怨，而是出于有 KPI 的指标要求，总监也只能徒呼奈何。质量部必须降低不良率，包括降低制程过程的不良率，当控制不良率的要求超过他们的正常管控能力的承受范围的时候，质量部只能牺牲生产效率，允许生产部在非常理想的状态下进行生产。这种做法虽然提升了质量数据，但是生产效率被大大降低，这也是导致两个部门冲突的根源。

对于古总来说，他根本没有认真搞清楚冲突的根源，就想当然地认为两个部门的冲突是缺乏了解和换位思考。最终做出让两个部门负责人换岗的决定，却并不能解决问题。

KPI 之所以能够左右管理人员的行为，是因为 KPI 和被考核人的个人利益息息相关。如果新的质量总监高总因为同情自己过去生产部门的下属，不强制生产停线整顿，最终不良率指标就可能无法达到公司的要求，进而影响自己的收入和晋升，这样对自己的前程也不利。很多人都认为不断下降的不良率指标才能证明质量管理人员的专业能力。所以，高总即便心里对生产部有一百个同情，也会把这些同情压下去，坚持要求生产部强制停线整顿。再退一步，即便高总同情生产部，宁可自己做出牺牲，也不想这样折腾生产部。但那还要得到质量部下属的认同，因为如果这样做，相当于牺牲整个质量部员工的利益。想到这里，就不难理解为什么高总会继续沿袭过去的质量管理思路了。并非不能换位思考，只是他们都是被 KPI 所操纵，身不由己罢了。

基于同样的原因，严总也无法接受质量部频繁要求停线的做法，尽管那些做法都是当初自己制定的。KPI 决定了他只能不断反对质量部的做法，不断强调质量部的管控不合理。最终，两个本应该像战友一样协作，共同为客户服务的部门互相攻击、互相指责，把宝贵的精力消耗在无意义的内耗之中。

这个问题的根源到底在哪儿？应该如何解决呢？

问题的根源在于企业的经验目标没有根据客户价值的变化而及时调整，KPI 又强化了错误的工作目标，最终导致本应同为客户服务的两个部门产生冲突。

上述案例之所以会出现这种问题，根源就在于不断降低不良率的企业目标和客户降低采购价格的目标出现了背离。经过了多年质量提升之后，客户对质量已经相当满意，这时他们的诉求更多地体现在降本要求上。而 E 公司并未意识到这种变化，更没有根据客户价值的变化及时调整内部的工作目标和 KPI 指标。缺乏对客户价值的追踪导致内部不同部门的目标不一致，进而产生矛盾。销售部比较容易感受到客户的需求，他们想办法把压力传导到了内部，生产部也开始积极降本，但这个时候因为质量部仍然在使用过时的 KPI，忽视降本需求，埋头提升质量数据，最终导致冲突。

类似情况其实非常普遍，对于员工来说，他们最重视的往往是自己个人的利益。如果员工的个人利益没有和客户利益统一，彼此之间有分歧，就很难避免冲突。我们很难指望员工长期牺牲自己的个人利益去配合其他同事和部门。如果部门和部门之间存在目标的分歧往往就会形成隔阂。

要消除隔阂，关键在于消除目标分歧。可能有管理人员会认为，分歧在所难免，不同的部门，追求的目标肯定会有所不同，所以隔阂不可能消除，最多只能依靠上级管理人员的协调来人为地缓解问题的严重性。

部门之间的目标完全是可以达成一致的，根本原因在于所有的部门都是为客户服务的。企业内部的不同部门为确定的客户、确定的利益服务，目标就应该一致。

但在现实的过程当中，仍然出现了很多不同部门指标互相冲突的情况，原因为以下三点：

（1）管理人员从内部管理的角度制定各个部门的工作目标，而不是从实现客户价值的角度制定工作目标。很多公司在制定部门工作目标的时候，总是希望各个部门尽可能做得更好、更专业，却忽视了目标和客户价值挂钩。

（2）部分部门忽视客户价值的变化，盲目坚持过去的指标。本案例中质量部门的 KPI 之所以多年不变也正源于对客户价值的疏忽，最终导致和生产部门的指标分歧，产生冲突。

（3）企业的客户产生了变化，客户价值也不一样。如果内部工作目标没有根据客户价值的变化及时调整，也会出现指标冲突。

所以，要解决上述问题，还是要做到以下两点：

（1）时刻关注客户价值，根据客户价值的变化修正工作目标。尤其是在客户定位出现变化或者客户的诉求出现巨大变化的时候，一定要及时根据新的客户价值修正工作目标，保持工作目标和客户价值的一致性。同时要避免企业出现自大情绪，忽视外部客户价值，避免高层管理人员忽视客户，进而导致为取悦高层而制定脱离客户价值的工作目标。

（2）找出实现客户价值的运营方案，然后根据运营方案的需求制定各个部门的目标。运营方案清楚了，各个环节、各个部门的运营目标往往就清楚了。这个时候订立的目标都是确保运营方案成功，能够最大限度地减少不同部门之间的冲突。

6. 该由谁来设计运营方案？

案例

周总是一家中小企业的老板，他在会议上提出明年销售额要增长 35%。各个部门的经理也没有提出反对意见，最终会议确定了销售增长的目标。对此，周总感到很满意。

但让周总生气的是，一个季度过去了，企业的经营业绩并没有任何提升。更让周总生气的是，各个部门的经理还是像过去一样工作，并没有什么改善，也没有推出什么新的变革措施来提升销售业绩。销售增长目标似乎早已被各个部门经理丢在了脑后。

周总和各个部门经理逐一谈话，了解他们的想法。结果各个部门经理都认为他们在努力，他们强调自己在努力把手头的工作做好、做细，但是没有一个经理强调公司的销售增长目标问题，更没有一个经理思考过自己这样做是否能保证销售增长目标的实现。

周总认为经理们工作没有用心，根本没有努力去实现当初制定的销售增长目标。但是经理们认为他们的职责就是做好自己的分内工作。至于周总的增长目标，他们也考虑过，但没有一个明确的方向，感觉根本无从下手，所以他们也只能做好自己的本职工作。他们认为公司应该给出一个更明确的行动方案，这样大家才知道自己该做什么。这时，周总突然意识到了一个新问题：到底应该让谁把公司的战略目标细化成为行动方案？

分析

周总面对的问题恐怕也正是很多中小企业老板所要面临的。公司迫切需要发展，需要像前文案例中的狼总那样的管理人员制定出具体的行动方案去指导员工的行动。但现实往往是残酷的，下面的管理人员往往只能按照老板的要求按部就班地去做一些日常工作，根本没有能力根据老板的战略提出合理的运营方案来实现老板的战略。像周总一样，很多老板都认为这是管理人员的失职。

但是当初周总在录用、提拔这些管理人员的时候，有明确要求他们有制定运营方案的能力吗？如果根本没有提出这种要求，现在突然期望下属具备这种能力，并且主动做出方案，这本身就是一个不切实际的想法。

此外，中小企业普遍薪水不高，有些人虽然挂了经理的头衔，其实很多时候还不如大企业一个职员的薪水高，期望这些人能够根据战略目标制定出可行的运营方案有时候会显得强人所难，这种薪水的员工往往并不具备这种能力。所以，即便老板在招聘的时候提出这种要求，多数情况下也不会找到自己期望的人选。因为真有这种能力的人恐怕不会接受这种薪酬，也不甘心在一个小企业做个部门经理。

因为现实的局限，很多中小企业的老板往往找不到合适的人员来帮助他们把战略目标细化成为具体可行的运营方案。老板往往才是最后的责任人，也就是说往往只能由老板亲自负责把战略目标转化成为运营方案。如果老板希望下面的管理人员能够把战略目标转化成为具体的运营方案，就必须提升管理人员的素质。

抱怨无法解决问题，惩罚也无法解决问题，只会让问题更加恶化。对于中小企业的经理来说，他们拿卖白菜的钱，也就操卖白菜的心，他们无力操卖白粉的心。很多时候，他们也不愿意操这份心，大不了，他们可以选择不干，最终这份心还是要老板来操，毕竟老板才是公司的所有者。

针对这种问题，老板有两个可能的解决思路：一是自己或者其他股东承担起这个职责；二是让员工承担起这些责任。

对于自认付不起高昂工资的企业来说，强迫员工做力所不及的事情导致效果不好，只能自己或者其他股东承担起这个职责。在电影《中国式合伙人》里面曾经说不要和朋友一起创业，这个观点曾风靡一时。但我们可以仔细看现实，多数创业公司都是由多个股东联合创业，其中不乏很多知名公司，前有马云和“十八罗汉”，后有雷军、黎万强的小米团队。老板一个人白手起家创立公司的案例反而是越来越少了，很大程度上都是激烈竞争所导致的。

所以，当一个团队成功的要素是胆大迅速的时候，一个人比一群人管理更便捷；但是当团队成功的要素是专业能力的时候，一个人的弊端就很容易凸显出来。这种竞争的激烈化、专业化导致对企业的能力要求越来越高，企业的营销、设计、研发、供应链，方方面面都可能需要专业的人才，一个环节薄弱就可能成为致命弱点。在这种情况下，一个人很难应对如此多的问题，更难给出专业的解决方案。寻找合伙人，联合创业也就成了必然趋势。

在公司规模比较小的时候，这样做可能是唯一可行的选择。可当公司成长到一定规模的时候，公司就必须逐渐补上这个管理的漏洞。要加强团队建设，培训管理团队，引入更高素质的管理人员，让他们负责把高层的战略构想转化成为可行的运营方案。

很多管理人员都没有时间培训下属。他们自己每天疲于应付公司的各种问题，而下属也未必愿意学习。

面对这个问题，如果选择从外部招聘的方法，首先，老板要面临对这些跟随自己奋斗多年的团队难以启齿的境地；其次要面临空降的管理人员如何和现有团队融合而不致激起新旧党争的问题。

两种选择都有难点，这也正是很多企业最终无法发展壮大的原因。老板为了维持企业的发展运营透支了自己，而下属因为种种原因无法成长起来，引入外来团队又容易引发新旧党争。最终公司在混乱中不断轮回，不断丧失发展壮大的机会。

这种公司有一个共同的特点就是大家都很忙，但是工作成果却少得可怜。原因在于工作方法不对，效率太低，最终很容易被管理者误以为是执行力下降，其实这都是由于没有人把战略目标分解成为可行的运营方案，大家继续沿用过去的方法解决当前的问题所导致的。而到了这个阶段，老板往往也忙得不可开交，他们也没有时间帮助下属设计方案，过去的方案又解决不了当前的问题，效率下降就不可避免了。

企业应该在创立之初就重视团队建设。企业的成长最终还是依赖于团队的成长。如果企业能够培养一些老员工，同时随着公司的发展壮大，逐步引入一些外部管理人员，将内部造血和外部输血相结合，也许就不用面对两难局面了。

7. 推行合理化建议的时机和潜在问题

案例

李总被调到集团下属子公司担任总经理。到新公司就职之后，李总发现新公司的管理异常薄弱，漏洞百出。李总对如何快速提升公司的管理水平感到为难，这个时候总经理助理周助理向李总提出可以发动大家的力量，群策群力推动改善，搞合理化的建议。

周助理的想法是老员工在公司工作时间长，肯定熟悉公司的问题，让他们发现问题，提出对策可以省去李总的很多时间。毕竟自己和李总刚到公司，对公司的情况没有那么熟悉，而且李总也很忙。有很多公司，甚至公司总部都在推行合理化建议，最后也得到了不少好的建议，证明合理化建议还是有作用的。

李总觉得周助理说的有道理，于是马上召开会议，要求各个部门负责人推动合理化建议。

刚开始合理化建议似乎遭到了冷遇，很少有员工提出方案。周助理认为这是缺乏动力的缘故，因此李总决定加大奖励的力度，把合理化建议的一等奖奖励从 100 元提升到 5000 元，并且要各个部门负责人全力推动。

领导的重视很快就产生了良好的效果，各个部门一下子收到了很多合理化建议，有些部门几乎是人手一条合理化建议。李总要求各个部门的负责人先对自己部门的合理化建议进行筛选，在第二天把好的建议传达给自己，但各个部门的负责人都表示建议太多，需要花一段时间筛选。而且部门的管理事务较多，不可能专门审核这么多的合理化建议。最终双方约定用一周的时间来审核合理化建议。

等合理化建议被放到李总的办公桌的时候，李总随便看了两份，感觉没有什么特别好的建议，于是安排周助理来负责合理化建议的评选。周助理也认为缺乏让人眼前一亮的好建议，最终决定空置一等奖，选出了两个二等奖，三个三等奖。但各个部门经理还在抱怨奖项太少，认为这样下去会打击员工提合理化建议的积极性，恐怕以后很难继续办下去。

更让李总糟心的是，这些合理化建议提完了之后就被丢到一边，最终也没有对各个部门的工作改善起到什么帮助，自己也很忙，顾不上这个事情，最终合理化建议只办了一期就无疾而终。

分析

合理化建议的初衷是美好的，能够充分发挥员工的智力，低成本地解决公司的问题。但最终的结果是美丽的花朵结了一个苦涩的果子，收到的大都是无效提议，有效提议往往也没落实执行。最终劳师动众，却徒劳无功。为什么会造成这种局面呢？

首先，很多管理人员没有搞清楚自己当前阶段的管理目标，导致推出合理化建议的时机不对。对于李总来说，空降到一个混乱的团队，最重要的工作不是发现问题，搜集思路和方案，而是切实解决问题。因为混乱的团队问题都特别多，这种时候发现问题并不是难事，难的是在缺乏配合支持、士气低落的情况下解决问题。

很多管理人员会低估合理化建议对团队资源的占用问题，认为提个建议并不难。但事实是先不说培养一个团队形成一个新的习惯有多难，就是审核众多下属的合理化建议方案都会消耗管理人员相当多的时间。往往需要较高层次的人员才能对合理化建议做出相对较为准确的评估，如果随意安排低级别的人员评估，可能会漏掉好的解决方案，但同时高级别的管理人员往往都非常忙，很难抽出足够的时间来合理评估每一个方案。如果管理人员自己都消极应付，那么下面的员工也会体会到管理人员的态度，也不会认真对待合理化建议。一个大家都敷衍的方案无法取得合理的成绩也就是情理之中的事情了。

所以，一般来说，已经步入正轨、稳定的团队往往更适合推行合理化建议。因为这个时候问题相对较少，团队成员工作负荷也较小。在这个阶段大家容易产生自满情绪，作风容易官僚化，在这种时候推出合理化建议能够帮助团队成员发现一些熟视无睹的问题。通过合理化建议活动，能够让他们用一种新的眼光看待周围的经营活动，进而发现好的解决方案。通过这种不断改善的方法，持续提升团队的竞争力，保持团队活力。

而对于一个四处起火的团队，让团队成员行动起来，积极解决明显可见的问题才是最重要的。而不应该舍近求远，放着明显可见的问题不解决，反而去讨论所谓更好的解决方案。

在这个案例中，推行合理化建议之所以失败，一个很重要的因素是李总的团队缺乏讨论优化的氛围，李总和周助理只是把合理化建议当成一种解决问题的可能的手段，下面的部门经理则把合理化建议当作是一个工作任务。从他们推行合理化建议的会议沟通来看，他们本身并没有这种正常的讨论氛围。在缺乏民主讨论的氛围下，员工很难畅所欲言，也难以真正建立合理化建议制度。很多合理化建议都意味着对现状的颠覆。而专制的团队文化很容易导致员工放弃提合理的建议，而只提一些不痛不痒的建议，应付差事。

此外，在一个混乱的团队里，如果大家都看到问题却不解决，这说明团队缺乏合适的工作氛围。在这种情况下，即便有了好的思路和方法，也往往会因为缺乏合适的工作氛围、存在团队内部阻力而难以成功。而对于一个缺乏工作氛围的团队来说，最重要的工作不是找出正确的工作方法，而是调动工作的积极性，没有积极性，任何好的方案都难以解决问题。从这个角度来说，如果没有一个良好的、能够让好的方案落地的氛围，即便提出了好的方案也无济于事。

合理化建议制度主要是发挥员工更熟悉自己工作相关问题的优势，让他们主动想办法优化自己的工作。也就是说合理化建议制度更侧重于解决员工身边的问题，并不是针对全局的问题。而对于一个混乱的团队来说，难点问题往往都是团队合作的问题，所以合理化建议制度即便成功推行也很难解决案例中李总当前的问题。

其次，从操作的层面来看，李总推行合理化建议的手段也不合理。他们要求各方积极提出建议，追求员工参与的效果。在发现效果不佳之后，简单粗暴地采用物质激励的方式来刺激员工提合理化建议，这样做最直接的效果就是员工被奖金诱惑而提出大量无效提案，人为地加大审核人员的工作量。而且大量无关痛痒的提案本身就会浪费员工的时间，容易引发抱怨。对于一个立足未稳的空降管理人员来说，很容易被认为是形式主义，缺乏实干精神。一旦员工形成了这种认识，后续的管理就很难展开了。

管理重视成效，而非行动本身。李总在推行合理化建议的时候，更多考虑的是如何促进员工积极参与，多提合理化建议，却忽视了如何让合理化建议产生成效，这是操作层面的另一个大的失误。投入必须取得更大的产出才有意义，如果投入大于产出，即便本质是好的做法也会变质，这是在摧毁价值，而不是创造价值。重奖合理化建议，必然要求合理化建议具有相当大的价值，而这正与合理化建议立足于周边小事的宗旨背道而驰。最终的结果不是空置奖项，就是刺激员工提出大而空的建议，两者都将导致合理化建议制度的失败。

与推行合理化建议相比，塑造开明、积极参与的工作氛围更为重要。一方面，开明、积极参与的工作氛围是合理化建议制度成功的前提。没有开明的工作氛围，员工提建议就有思想负担，如果员工担心提出的建议因为暴露了管理的问题而遭受打击报复，往往会采取明哲保身的态度，缄口不言。这也是很多企业推行合理化建议制度而响应者寥寥的原因。另一方面，现在的员工越来越重视情感的交流、组织的尊重，相对来说，合理化建议的物质奖励反而不是最吸引他们的。在这种情况下，及时回应员工的想法、肯定建议的合理价值才是更好的奖励。所以，比合理化建议制度更重要的是鼓励参与的工作氛围，而不在于奖励和制度化。

8. 设定目标的正确方法

案例

又到了一年一度制定来年工作目标的时候，刘总给每个部门都制定了工作目标。各个部门的负责人叫苦连天，认为目标太高，根本不可能实现。但是刘总仍然坚持己见，要求各个部门必须实现自己预定的目标。于是各个部门负责人纷纷找刘总的同学，公司的总经理助理邓总诉苦。邓总也认为刘总的工作目标偏高了，于是找到刘总拐弯抹角地谈起了这次工作目标的情况。邓总告诉刘总，各个部门负责人普遍感到压力很大，担心完不成刘总的工作目标。刘总这时笑了，说道："压力大就对了，我要的就是这个效果，只有压力大他们才会努力工作。"

邓总还是有些担心，说："问题是这个目标他们很难实现，会不会有些人知道实现不了，索性破罐子破摔呢?"刘总笑着摇头说："你这样说代表你不了解员工。什么目标才不高呢? 如果我把目标下调，他们仍然会找出很多理由说目标高。这就和你出去买东西，不管价格高低，一定要砍价是一个道理。还有，你的目标低了，他们就一定能够达到吗? 你的目标低，他们就更没有紧张感，到时候你的底线也达不到怎么办?"

邓总点头表示认同，但还是有些不放心，问："那目标实现不了，大家辛苦一年没钱赚，也会动摇军心啊!"刘总轻笑了一声，说："制度是我定的，我也能改变制度。到时候我会修改奖励制度，根据他们的工作成绩给予适当的奖励。至于奖励多少，那就要看他们努力的程度了! 只要他们努力了，我自然也不会亏待了他们。那种不努力的，我正好不给奖金让他们自己走人!"

这种套路，刘总过去一直用得得心应手。可最近两年似乎越来越没有效果了，不管刘总如何施压，业绩就是提升不上去。这些管理人员看起来也很努力，但就是没有业绩。这让刘总很糟心，到底是哪儿出了问题呢?

分析

这个案例中的刘总实施的是压力管理而非目标管理策略。他的目标只是自己向管理人员施加压力的工具，并没有真正地通过确定目标，调动资源，统一工作方向。在初期，这种方法能加大工作人员的压力，取得一定的成效。但积极性的挖掘潜力有限，如果长期使用，就很难持续取得效果。

频繁施加压力，部分下属可能会猜透上级的心思，明白这个游戏的关键在于让老板相信自己确实已经努力了。演戏的成本比努力工作的成本低，如果演戏能拿到绩效工资，员工会更倾向于演戏。最终导致员工敷衍工作，认真演戏，业绩自然也就上不去。

要想提升工作业绩，管理人员必须先搞清楚和业绩相关的因素到底是什么。而工作业绩和目标选择、工作氛围、员工的能力和方法、员工的工作积极性四个因素相关。

刘总初期的成功在于他通过施压的方式迫使下属努力工作，也就是改变了上述因素中的员工积极性。所以，他的管理取得了一定的成效。

但提升积极性最多只能把现有的潜力充分发挥出来，要想进一步提升绩效，会受到其他因素，比如目标、工作方法、员工能力的制约。比如说，如果企业生产针头线脑，不论如何努力，都很难产生过亿的营业额，而很多房地产企业的销售额都会过百亿、千亿，这说明业绩和企业选定的目标相关。再比如一个员工即便再努力，但如果公司内部其他人都不配合，互相推诿，这个努力的员工也很难做出成绩，说明实现良好的业绩还需要良好的工作氛围。同样的道理，无论老板如何施加压力，都很难让一个没有电子知识的门外汉开发一款新式手机出来，因此也说明业绩还会受到员工能力的局限。

从上述的例子我们可以看到，积极性只是影响工作成果的其中一个因素。如果其他因素不改变，提升积极性往往只能在一个比较短的时期内提升工作业绩。因为积极性的挖掘，效果终究是有限的。一个人在充分发挥了积极性之后，就没有可以提升的空间了，这也就是为什么刘总的方法越往后效果越不明显的一个重要原因。

这四个因素里面，目标价值是没有上限的。管理者选对了经营目标，往往能够带领企业实现很大的飞跃。想象一下，如果马云一直做翻译工作，最多也只能成为一个千万级别的小老板，但他选择了电商，就成为千亿级别的大企业家。这就是目标选择不同所造成的差异。

据报道，员工工作业绩 65% 都会受外部因素的制约，所以如果放弃了对工作氛围的改善，也就放弃了大部分可以改善的空间。能力的提升也是没有上限的，所以真要持续提升业绩，还是要从前面的三个因素着手。

因此，企业在制定年终目标的时候，不应该只盯着标准的高低，只盯着一些财务数据指标，更应该关注到底应该做什么，怎么做，需要提升团队哪方面的能力。让一个流水线工人收入提升 30%，难度很大，让他持续按照这个速度提升几年，那几乎就不可能。但如果这个人被培养成了工程师，其所创造的价值很可能翻倍。如果他被星探发掘出来成了明星，所创造的价值可能 100 倍都不止。所以，持续提升价值的关键不在于到底有多努力，而在于不断寻找可实现的、更有价值的追求目标。

选择合适的、更有价值的工作目标是管理人员最重要的工作职责。选择对了目标，团队成员才能找到合适的、足够大的舞台去展现他们的能力，才能为团队创造足够多的价值，最终团队成员才能实现自己的人生价值。

但对于很多管理人员来说，他们仍然更倾向于通过施压提升工作业绩。原因是如果要找到更有价值并且可以实现的工作目标，往往需要管理人员投入更多的时间研究自己团队当前的现状，研究公司的战略。这对于很多更喜欢执行的管理人员来说，恐怕会有一个适应性的困难，对他们的能力而言可能也是一个挑战。

塑造工作氛围，是很多管理人员感到望而生畏的工作。即便投入很多时间，也未必能够得偿所愿，很多管理人员往往都是简单应付一下。

至于提升员工能力，这更不是一件容易的事情。如果培训员工，难以保障效果落地；如果换血，还要招聘、面试，可能还要付出更高的薪水，还不知道是否合适。这样会陷入两难境地。

敦促员工提升工作积极性对于管理人员来说是典型的投资小、见效快的手段，也是很多管理人员都喜欢这一招的原因。但也正如很多投资小、见效快的项目缺乏潜力一样，这种方法的潜力也比较小，要不了多久就会碰到瓶颈，再难前进一步。

真要解决这个问题，管理人员还是必须面对这个问题，认真做好目标管理工作。回避问题只能延后问题的爆发，只有解决问题才能够真正防患于未然。

回到最初的案例，其实刘总更应该花时间好好研究公司未来的发展方向，研究市场，寻找合适的客户突破口，选择开发合适的产品，选择合适的营销模式，这样更能带动企业持续前进。

如果再回头看看新东方狼总的案例，问题就更加明显。如果新东方也是在市场拓展碰到困难的时候一味地向员工施压，期望通过提升员工的积极性来打开市场，最终恐怕很难如愿以偿。像狼总这样，找到正确的突破口，设计合理的制度才是解决问题的关键，最终他们也实现了持续发展直至成为 K12 教育北京市场的领头羊。而像刘总这样管理的老板则会面临公司停步不前的困境。

9. 目标导向：以成果衡量工作方法

案例

王先生刚刚被提拔成为项目管理部主管，一心想做出成绩获得上级的认同，最近他却接连碰到了几桩很不开心的事情。王主管试图了解下属的工作细节，希望能够更有效地控制工作进度，同时他也希望通过对细节的深入了解，找到更好的工作方法，进一步提升工作绩效。

结果首先在老员工李工那里碰了壁。李工每次汇报都很简单，只说了工作的进展。王主管试图了解工作细节的时候，李工总是有很强的抵触情绪，后来甚至直截了当地对王主管说："我搞定工作就行了。你作为领导，应该做好自己的工作，而不是整天问东问西地打听我的工作。"王主管很生气，一时却也拿李工没有办法。

另一个员工陈工虽然态度很好，每次都积极和王主管进行沟通，也谈了很多好的想法，但工作进度总是不理想。每次陈工不是说供应商不配合，就是说其他项目小组成员拖后腿，再不就是自己家里最近事情多，忙不过来。王主管很怀疑陈工说的话，有一次终于忍不住，便开口指责陈工每次都有理由。陈工很委屈地表示，最近确实是很不顺，王主管如果不相信可以去调查，不应该这样随意怀疑自己。最终双方的沟通不欢而散。

分析

在这个案例中，王主管最大的问题体现在缺乏目标，过早迷失在问题的细枝末节之中，影响了他对关键问题的判断，最终影响了他的工作绩效。

他和李工的沟通之所以缺乏成效，在于他没有找对自己的工作目标。对于一个刚刚从内部提拔的管理者，获得认同，保持平稳运行往往才是最重要的。如果刚刚上任就马上期望明显的改善提升并不是一个特别合适的工作目标。被内部提拔往往意味着上级对当前的现状比较满意，更希望新官先继承过去好的做法，改革愿望并不强烈。所以，对于王主管来说，当前更应该做的工作是确保稳定，保持过去的优良作风。在这个阶段急于改善，往往适得其反。万一出现挫折则很容易被认为是缺乏经验，需要继续磨炼。

从被管理的角度来看，老员工已经把工作做得得心应手，他们更需要信任和尊重，也不喜欢领导总是过问自己的工作细节，给自己添麻烦。他们没有感受到问题和危机，也并没有改善和提升的愿望。这种情况下，他们很难认同新上司过于细致地了解自己的工作的行为，这种做法往往容易被他们误解为不信任，甚至是调整自己工作的前奏。所以，王主管的做法很容易引起李工的抵触，这无疑会影响其对部门的有效管理。

对于王主管来说，当前最应该做的是关注工作成果。除非明确要求需要按规定的操作程序工作，否则管理人员不应该过多地对下属的工作方法指手画脚。在保障工作成果的前提之下，管理人员应当尽可能地允许老员工继续按自己的方法去工作。

有些管理人员总是认为自己的工作方法更好，喜欢把自己的方法推广到下属的工作中。这种做法往往会带来问题，尤其是当下属已经对现有工作很熟悉，有他们自己的一套工作方法的时候。对于管理人员来说，实现工作目标才是最重要的，如果过于纠结工作的方法，强迫员工按照规定的方法工作却得不到期望的结果，管理就陷入了被动。管理人员到底该如何平衡各方面的需求，得到合适的工作成果呢？我们可以通过图 2 -4 得到一个更直观的解决方案。

如图 2 -4 所示，1 是左上方的大圆，代表管理人员喜欢的方案；2 是右上方的大圆，代表的是执行人员喜欢的方案；3 是下方的大圆，代表的是能够解决问题的方案。很多时候，管理人员会产生误判，觉得自己喜欢的方案就是能够解决问题的方案。但即便是内行的领导，自己的方案可能只适用于自己，未必适用于下属。比如区域 5，代表管理人员能够用这种方案解决问题，但执行人员不会用、不喜欢用。但工作是要下属去做的，只要能解决问题，是不是自己的方案其实并不重要。如果这个下属已经有了自己解决问题的方案，让他们改用管理人员的方案就更加困难。但很多管理人员却乐此不疲，总是希望下属也像自己一样去解决问题。如果工作成果不理想，管理人员再去责备下属并没有意义。

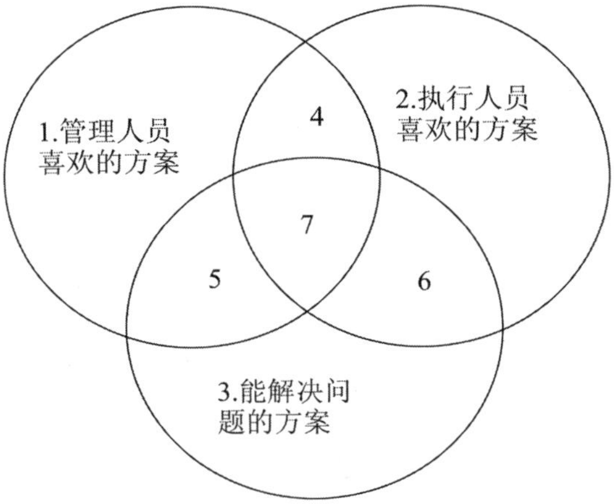

图 2－4　问题解决方案

王主管首先应该关注的是下属是否合格地完成了工作，实现了工作目标。如果下属的工作方案能够实现工作目标，比如区域 6，这个时候管理人员就不应该纠结于工作方案的差异。实现目标才是管理成功的关键。这样做一方面可以节约自己的时间，另一方面下属也会认为这是管理人员对自己的尊重和认同，双方更容易建立良好的关系。

但如果下属没有办法实现工作目标，管理人员就必须介入了。比如像陈工，虽然态度好，积极沟通，但如果经常无法实现目标，王主管就必须意识到出现问题了。管理人员最需要的不是积极沟通、态度好，而是工作目标的达成。

陈工和王主管保持了良好的沟通，双方都满意工作沟通的方式。但陈工并没能有效地解决工作问题，所以陈工停留在区域 4。在这种时候，王主管需要引导陈工把注意力转移到区域 3，也就是找到能够解决问题的方案。如果陈工在区域 6 找到了方案，他自己喜欢，而且也能够解决问题，这时即便管理人员不是很喜欢，也应该默许。当然如果陈工能够在区域 7 找到解决对策那就更完美，既能解决问题，也让执行人员和管理人员都喜欢。

但很多时候，无法兼顾三者。这个时候，没有必要要求执行人员一定要按管理人员的方法去工作，因为区域 3 中还有很多其他的方案可以考虑。执行人员完全可以从区域 3 中寻找其他的相对更适合自己的方案。这和只把眼光局限在区域

5 相比，执行人员有了更多的选择，也就更有可能找到适合自己的解决方案。

当然，如果最终找不到解决问题的方案，又不肯接受管理人员推荐的方案，管理人员就要考虑这名员工是否适合这个岗位了。

总的来说，管理人员应该在下属找不到解决问题的方案的时候给他们提供工作方法以供参考，这种帮助应当是指导性的而非指令性的。下属可以照搬照抄，也可以在这个方法的基础上进行改善以得到更适合他们自己的方案，甚至还可以从这个解决方案得到启发，找出完全不同的方法。方法本身的差异并不重要。管理人员需要关注的是问题是否得到了解决，而非下属是否采用管理人员推荐的解决方案。

管理人员需要明白，自己在方法上约束越多，下属可以选择的空间就越小，就越可能无法找到适合他们的、能够解决问题的方案。所以，管理人员需要在实现目标的基础上尽量减少对员工工作方案的干涉。

所以，在员工能够很好地实现目标的时候，管理人员要懂得放权。碰到员工无法达成目标的时候，管理人员首先应该提醒员工关注目标，并且就目标达成情况先达成一致。只有员工意识到存在的问题，他们才可能积极采取行动来应对。一些管理人员在员工还没有意识到问题的时候就开始指责员工的工作方法，这样很容易导致对立。应该在员工意识到目标没有达成之后，管理人员再敦促员工找出实现目标的方案。

对于管理人员喜欢、执行人员喜欢、能解决问题的三种方案，最重要的是能解决问题，其次是执行人员喜欢，最后才是管理人员喜欢。管理人员必须要习惯目标导向，尽量避免把个人的好恶凌驾于目标之上。从这一点来看，一个好的管理人员往往需要宽阔的胸怀，能够为了实现目标而放下自我，这样才能容纳更多的人、更多的观念，才能适应更多的局势。

第三章 文化管理

1. 激励的核心：付出－回报模型

案例

地处河南内陆的胖东来百货公司曾经盛极一时。据说，在地处内陆、经济不发达的河南省，胖东来的一个普通店长在2011年就可以拿到十几万以上的年薪。胖东来的工资水平高于同行30%以上，这让进入胖东来工作成为当地很多人梦寐以求的事情。

胖东来通过提升基层员工的物质收入，满足他们的生活需求，让他们能够安心工作。通过让一部分管理人员先富起来的高薪体制，让管理人员像老板一样为公司操心，积极提升店面的经营水平。

此外胖东来每周二都会闭店休息，尽量让员工兼顾工作和生活。媒体描述胖东来的营业员一般都是喜笑颜开的，而且是发自内心的笑。他们对待顾客热情周到，只要看到有人抱着孩子、提着东西上下楼梯等，马上有人上来帮忙。一个保洁阿姨跪在地板上拿着毛巾擦地，另一个保洁阿姨拿着扇子扇风，两个人说说笑笑，所做的一切只为给顾客一个清爽、干净的购物环境。胖东来百货是当地很多居民购物的首选之地。顾客的忠诚帮助胖东来在河南打败了沃尔玛等世界著名超市连锁巨头，成为很多人津津乐道的话题。

媒体戏剧性地描述了胖东来老板于东来对其他商超的改造之路：提升员工待遇。仅仅是提升了待遇，就会使员工的工作积极性立即提升，并最终使企业大幅度提升营业额。据此，媒体甚至提出了工资越高，成本越低的结论。

分析

胖东来的故事给了某些仍然在经营的泥潭中拼命挣扎的企业一丝希望，似乎指给了他们一条经营的康庄大道：只需要提升员工待遇，一切困难都将迎刃而解。实际情况果真如此吗？

答案当然是否定的，媒体往往更喜欢用异于常规的故事博人眼球。实际上胖东来后来关闭了很多门店。如果胖东来真像前面故事描述的那样，老板赚钱、员工爱岗、顾客喜欢，没道理会大量关店，一定是因为某些环节出了问题。

这种故事之所以会广为流传，部分原因是陷入困境的经营者希望找到一个简单、容易操作的方法来摆脱困境，工薪阶层更是希望老板都接受这个观点给自己加薪。但实际上，如果企业本身无法盈利，一定会被市场淘汰。高薪必须建立在企业盈利的基础之上。如何让员工的高薪和企业的盈利挂钩，这是管理人员需要面对的难题。

如果仅仅是企业提升员工的待遇，但是员工为客户创造的价值并没有提升，或者说提升的价值并不足以弥补待遇提升的成本，企业的盈利就会减少。所以，提升待遇必须和员工的价值创造相关联。单方面提升待遇必将成为无本之木、无源之水而难以持续。

胖东来后来关闭多个门店的原因据说是胖东来推出了星标考核。要求一年以上达不到一星标准、两年以上达不到二星标准、三年以上达不到三星标准的员工必须被淘汰，然而一些做了十年的老员工都只能达到一星标准。相当一部分员工认为胖东来的考核过于严苛，有些人开始指责公司，甚至对胖东来的老板于东来本人进行了人身攻击。最终于东来选择关闭部分门店。

后面的故事情节发展告诉我们，高薪必须和更高的工作要求、更多的价值创造相匹配，没有要求的高薪是不合理的。从员工反对星标考核可以看出，他们对自己的工作质量并没有信心。并不是所有的员工都发自内心地认为自己应该尽一切办法做好工作。现实中管理也并没有像媒体宣传的那样只要给了员工高薪，员工就一定会努力工作那么简单。

从心理学角度来说，员工会对自己的收入有一定的心理预期，预期和当前他能得到的收入相关。如果突然给一个员工超出他心理预期的收入，他往往会感到欣喜，珍惜这份工作。但是，这种心理往往只能持续比较短的时间，持续一段时间之后，人的心理预期会随之上升，这种满足感就会下降。人们往往会认为高薪是自己努力的结果而不会感谢公司。与此同时，高薪所带来的工作积极性也会随之减退。所以，从这个角度来看，所谓工资越高、成本越低的说法是不靠谱的。希望简单地通过高薪让员工自觉提高产出和通过毒品获取快感一样危险——代价昂贵而且无法持久。

希望员工持续努力工作，就必须把高薪和员工的努力绑定在一起，让员工知道高薪必须通过努力工作来获得。通过管理建立起付出和回报挂钩的企业文化，员工会发现一旦不努力工作，薪酬就会降低，因此就可能会为了获取更高收入而持续自觉努力工作。

雇佣的本质是一种交易。员工努力工作，公司给予员工薪酬作为回报。所以，真正的管理者不会人为地拔高这种雇佣关系，不拔高感恩精神，也不会过于强调企业的人性化。他们更看重交易本身的合理性——员工努力工作，公司依据员工的付出给予合理回报。同时他们也会把这种思想灌输给员工，以此激励员工努力工作。

虽然公司给员工提供了工作机会，但员工在获取薪酬之前为公司创造了更多的价值。公司正是得益于这些员工创造的价值才能生存下来，发展壮大。因此感恩是相互的，不是单方面的。

不过分强调人性化是因为不能让员工产生依赖心理，他们必须靠自己的努力获得薪酬而不是期望公司人性化施舍薪酬。过分强调人性化很容易模糊员工付出和企业回报的关系，进而影响员工的工作积极性。如果工作积极和自己的利益没有关系，大家都可以不劳而获，又有几个员工能够长时间忍受工作的束缚而努力工作?

有些老板喜欢看到员工加班，优先给加班多的员工升职、加薪，这说明他们已经意识到必须回报那些为公司积极付出的员工。但是，他们的回报绑定的对象可能存在问题。对于流水线的加班来说很容易得到确定的成果，产品会在加班时源源不断生产出来。但是办公室工作人员的加班未必会产生同样的效果，可能坐在电脑前面，打开很多工作窗口，等到很晚才下班也会被认为是加班。所以，真正重要的不是加班时间，而是工作成果。如果没有工作成果，加班毫无意义，更不值得奖励。试想一下，如果流水线的员工都站在流水线旁边聊天而公司照样给员工发放加班费，显然是无稽之谈。奖励办公室的工作人员加班而不关注他们的工作成果和给聊天不干活的流水线员工支付加班费从性质上来看是一样的。所以，和流水线的管理者要确认员工的工作成果一样，老板看到工作人员加班也要先关注加班人员的工作成果，确信得到了相当的工作成果之后再提供奖励才是合理的。

但是对于管理者来说，确认工作成果往往需要耗费更多的精力，在下班的时候简单扫一眼办公室有谁在加班显然更省事。这种管理方法其实是懒政行为。对于重要的工作，必须认真执行，确保工作质量。评估员工的工作成果一方面可以确保工作进度，另一方面要据此给予员工回报，否则会影响员工后续工作的积极性，更会影响其他员工的工作态度。如果对这种重要的工作马虎对待，则很难成为一个合格的管理者。

对于员工来说，他们往往会追求用最低的成本实现他们的目标。就是说他们会用最低的付出来获得管理者的认同，进而得到自己期望的薪酬。如果管理者不严格检查，他们就很容易虚报工作成果，以次充好，敷衍工作，而这种行为最终必然会影响团队的工作绩效。这和没有质量控制而计件的流水线会生产大量次品、不良品一样，如果次品、不良品可以和合格品一样赚钱，为什么还要付出那么多努力去生产合格品。

即便有不愿意损公肥私的正直员工，在看到别人都在通过虚报、以次充好谋利后，他们也很难长期坚守。而且如果他们的坚守会影响其他人的收益，反而可能会使他们成为被打击的对象，最终选择离开，或者选择随波逐流。

文化管理的核心在于塑造付出和回报挂钩的机制。让员工相信对公司提倡的事情做得越多、越好，自己所获得的回报就越多，这样才能充分激发员工的工作积极性，这种优良企业文化才能走入团队。

2. 不增加回报而提升员工的积极性，可行吗？

案例

积分制管理是一种把积分制度用于对人的管理，以积分来衡量人的自我价值，反映和考核人的综合表现，然后再把各种物资待遇、福利与积分挂钩，并向高分人群倾斜，从而达到激励员工的主观能动性、充分调动员工积极性的管理手段。

积分制管理的核心内容就是用奖分和扣分来记录和考核员工的综合表现，用软件记录下来，并且终身有用，把积分与设计的立体需求挂钩，从而调动员工的内在动力，让优秀的员工不吃亏，让“吃亏是福”真正变为现实。

比如主动加班，员工每加班一天，根据职务、技能的差别，都可以得到一定标准的积分，每加班一个小时都可以得到 2 分的积分；每一项技术创新和每掌握一项新技术，都可以得到上千分的积分。在关心公司方面，员工提出合理化的建议或者是提供有价值的信息都可以得到一定数量的积分；员工为公司寻找人才，挖掘人才，根据人才的情况，可得到几百至几千分的积分。还有员工做好人好事，如拾金不昧、给灾区捐款、献爱心等，都可以得到一定数量的积分。

另外，员工参加公司的有益活动，如登山比赛、拔河比赛、乒乓球比赛、网球比赛、吃西瓜比赛、吃橘子比赛、喝啤酒比赛等，凡参加的员工，每次都可得到 20 分的积分，得到名次的员工还有额外的加分。员工孝敬自己的父母，春节给自己的父母买了礼品的，还可得到上百分的奖分。总而言之，员工的各种行为和表现都可与积分挂钩。

积分制管理认为实行积分制一个最显著的优势就是节省成本。因为积分不需要花钱购买，不需要审批手续，它是阿拉伯数字，取之不尽，用之不竭；同时，积分不直接与金钱挂钩，而是讲究名次（排名），待遇向高分人群倾斜，公司始终把钱花在刀刃上，节省了大量的激励成本。

（摘自百度百科：积分制管理）

分析

看到积分制管理的介绍，想必不少老板会怦然心动。什么都可以考核，管理人员自主掌握加分减分。这也就意味着老板可以管控员工的一言一行，让员工完全按照老板的意愿工作似乎成了可能。更重要的是实现这一切不需要多花一分钱。这应该是很多老板梦寐以求的管理模式。

在上一个案例中，我们得出了一个观点：员工的付出必须有回报，回报往往意味着成本。而积分制管理似乎为管理者打开了另一扇窗，通过积分排名调节员工的收入分配，让薪酬福利向积分靠前的员工倾斜。通过这种差异化的待遇引导员工学习先进榜样，人人争优。这样就可以在不增加总回报的前提下激励员工努力工作。

积分制管理的思路是在薪酬总额中为积分靠前的员工分配更多份额，让积分靠前的员工获得更多回报，通过这种方式激励员工努力获取积分，进而提升企业的绩效。同时，因为薪酬总额并没有增加，所以企业的物质激励成本几乎为零。

企业的薪酬总额不变，也就意味着积分低的员工会受到一定的惩罚，比实施积分制管理之前会少拿一些工资，这可以激励他们以后努力提升自己的积分。积分制管理正是通过这种竞争来推动企业员工努力工作以得到积分，提升绩效。

这个方案看起来非常美妙，但事实上存在一个重大缺陷：员工离职率可能会上升。

我们可以通过一个具体的例子来说明这个问题。假如说当地类似岗位的生产员工薪水行情是3000元，企业员工的薪水也恰好是这个水平。推行了积分制管理之后，因为总额不变，不论员工如何努力，积分排名较低的员工的收入都会低于3000元。正常情况下，这些员工的选择不是努力提升自己的积分来提升自己的绩效，而是往往会选择离职。他们可以直接找一个能够让自己拿到3000元工资的工作，完全没有必要如此费劲地去积攒积分。在当下普遍存在的招工难的情况下，这种绩效考核政策可能会造成员工大面积流失。

一旦员工离职，企业就必须耗费成本重新招聘员工，但新员工也同样面临很可能拿不到3000元市场行情的薪水的问题。这样一来，企业就会面临招工难的困境。一旦企业无法正常开工，成本就会飙升。所以从理论上来说，积分制管理无法降低成本。具体的关系，我们可以通过图3－1形象地说明。

如果企业不推行绩效管理，员工的工资像图3－1中的虚线 L_1 一样，毫无起伏。对于奉行付出－回报机制的企业，员工如果还是像过去那样工作，工资仍然是过去的工资，所以，L_2 的起点和 L_1 重合。但是随着他们表现的提升，他们的薪酬会随之增长，如图中 L_2。对于员工来说，更高的绩效往往都需要他们更多的付出，所以他们也会要求更高的薪酬。因此期望收入和绩效要求之间存在正向相关关系。在一般情况下，企业在推行了绩效考核之后，员工提升表现后的薪酬应当有所上升，最终导致薪酬总额会高于没有推行绩效考核的公司。

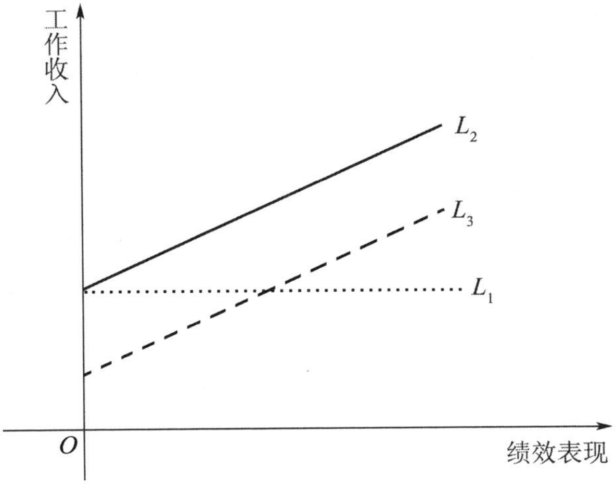

图 3－1 绩效表现与工作收入的关系

如果希望推行积分制实现薪酬总额不变，就必须像 L_3 线一样，积分较低人员的薪酬低于外部无绩效薪酬线 L_1。一旦员工意识到这个问题（事实上员工很容易通过很多途径了解类似岗位的薪酬），就很可能辞工而导致企业人员流失，进而导致成本上涨。有的老板可能认为，淘汰那一部分低于外部薪酬的员工，只保留不低于外部薪酬的员工，多招一些人然后慢慢筛选就可以解决问题。但实际上，员工仍然会认为为这份薪酬付出太多，明显超过了自己的获得，仍然会选择离开。只不过这种情况较为隐蔽，员工要精确衡量其他公司的工作负荷较为困难，所以流失不会像前一种情况那么快。但企业由于要求高，薪酬本身没有吸引力，也很难吸引新员工，导致开工不足。而且，低绩效的员工被淘汰之后，剩下的员工仍然要排名，也就是说原本刚刚达到绩效要求的员工马上也面临绩效达不到平均水平而降薪的危险，导致他们也会离职。一旦到了这一步，团队就会面临崩溃。综合以上两方面的分析，我们相信，企业难以通过积分制管理在不增加薪酬总额的前提下提升绩效。

但如果这家公司原本的薪酬是 4000 元，积分制管理的这个弊端就不会那么明显。因为对于被考核的员工来说，即便积分较低，他们仍然有可能拿到超过行业平均水平的 3000 元薪酬，所以，他们选择留下来，并且努力提升自己的积分。在这种情况下，积分制管理确实可以在一定程度上提升绩效。但前提是企业原本的工资高于当地市场行情。所以，并不能说明积分制管理就能够实现无成本激励，只是提升了原来虚高薪水的利用率而已。

无论是哪一种情况，如果积分最低的员工的薪水低于类似岗位不考核绩效企业的薪水，也就是上图中 L_1 的薪水线，就存在人员流失的风险。

不少企业推行绩效改革所采取的方式往往类似于积分制管理的方式，希望不增加员工的薪酬总额。有的管理者推出的改革甚至完全没有考虑到员工激励。在这种情况下，即便改革方案确实能够提升企业的绩效，也很难得到员工的认同。对于员工来说，改革不仅没有利益，反而增加了他们的工作负担，这是让人很难接受的。如果企业原本薪酬较高，存在较大的吸引力，员工还能勉强配合，改革的风险并不大。但如果薪酬本来就偏低，员工流失的风险就更大。在这种情况下，能力较强的员工往往会通过跳槽来维护他们的个人利益，而对于团队来说，能力较强的员工的离开无疑是雪上加霜，让改革更为艰难。

所以，管理者要始终评估企业薪酬的吸引力，合理评估工作负荷，让薪酬和工作负荷大致平衡。兼顾两者，做出合理的选择，这样才能提升改革的成功率，同时也能降低企业的运营风险。

所以，管理者还是应该坚持付出 - 回报的机制。要想让员工多付出就必须坚持高回报，这才是一条可持续发展之路。曾经有一位华为资深 HR 管理人员说："很多企业学华为，但是他们是不可能成功的，他们来取经的时候关注的都是华为员工怎么拼搏奉献，但是当我说到华为的薪酬体系的时候，他们就没有兴趣了。"这个观点再次印证了员工的付出是和企业的薪酬息息相关的。只希望员工付出，而不想回报员工是无法提升企业的绩效的。即便短期内通过洗脑的方式实现了目标，也很难持续，对于真正的企业家来说，这种做法不可取。

我们见识过很多传销机构的疯狂，传销成员即便睡地铺，吃捡来的菜叶，仍然斗志昂扬，但哪个传销机构能够长期获得基层员工的认同？如果企业希望通过洗脑来解决积极性的问题，获得的最好的结果无非是像传销一样获得短期的认同罢了。

华为不提倡感恩，但是华为员工的拼搏精神早已名扬天下，华为也已经连续多年高速发展。其核心要点还是在于要让奋斗的人获得实惠，获得实实在在的好处，这才是管理的关键。

3. 持续稳定的激励培养出工作习惯

案例

李总和王总都是企业老板，一天，两个人在一起交流企业经营心得。李总抱怨说现在的员工都太懒，没有一点自觉性，没有人监督就不做事，以致自己出来谈业务都担心企业的生产。在抱怨了一通之后，李总问王总的工厂是否也存在员工偷懒的问题。

王总说："你要懂得激励，光靠人盯是不行的！"

李总说："谁说我没有激励？我发现员工积极工作的时候也会奖励。上个月我还奖励了一个节前自动加班赶货的员工呢！但好员工太少，而且即便偶尔来了一个好员工，要不了多久也会被其他员工影响。你是怎么管理员工的？"

王总说："还好吧，我根本没管，感觉还好。"

李总感到很吃惊，难以置信地问："我天天在厂里转悠，员工都经常偷懒。你不经常查看，怎么保障产量？"

王总笑着说："我的生产员工想来上班就上班，在家不来也没人管。我只管一条：做多少产品付多少钱。仓管是我信得过的人，他点货验收不出问题，我的厂子就不会有问题。我的员工不仅不会偷懒，他们有不少人都会把原材料拿回家，让亲属一起帮忙加工。反正偷懒没钱，做了才有钱，想赚钱就多做。很简单的道理。还用监督吗？"

李总有些不服气，说："我不也奖励了积极员工吗？可员工还是不努力！"

王总笑着摇头说："你看过马戏团动物表演吧？为什么那些动物要它干什么就干什么？因为干了就一定有东西吃啊！你天天去盯，但是根本没有一个绩效制度。一定要你看到了才可能有奖励，还得是你心情好。如果你看不到呢？你心情不好呢？干了活却没有奖励，员工当然不肯拼命干了！要想让员工自觉，就必须让他们相信，只要把工作做好了，就一定有钱拿，做得越多钱越多。有了这个制度，你不管他们，他们也会努力干活的，因为他们想赚更多钱!”

分析

对于很多管理者来说，员工积极工作恐怕是他们最期望的事情。但是很多管理者都没有深入思考过，到底怎么做才能让员工积极工作。他们想了很多方法，巡查、监督、奖励先进，可似乎作用都不是很大。为什么呢?

人的天性是做对自己有利的事情。对于很多还没有进化到把工作作为人生乐趣的员工来说，要让他们积极地工作似乎是不可能的。但是如果管理者能够让工作对员工本身有利，让员工积极工作就不是难事了。李总工厂的员工之所以爱偷懒，是因为勤奋工作并不能让他们获利。虽然李总偶尔也会奖励表现积极的员工，但更多时候，积极工作都没有回报。所以，即便李总每天在工厂转悠，也很难提升员工的生产效率。而王总的工厂是计件的，所以即便王总不去工厂巡视、监督，员工也会积极工作，甚至会让家人帮忙加工，因为王总的员工勤奋工作能有确定的收益。多数人都能够长期坚持做有利可图的事情，即便在外人看起来枯燥乏味，但很少有人能够长期坚持无利可图的理想。碰到坚持理想、勇于奉献的员工是可遇不可求的事情。作为管理者不能把希望寄托在小概率的奇迹之上，而要学会管理大多数普普通通的人。

华为之所以能够让员工积极工作，很大程度上也是因为华为有不让奋斗者吃亏的企业文化。究其本质，华为的员工努力工作往往也不是因为感恩公司，而是因为这样做能让自己获得更多的收入，获得更大的发展空间。积极工作在一定程度上是他们的最优选择。所以，华为有床垫文化，而很多仍在为生存挣扎的公司只有感恩文化。最终床垫文化创造了华为的奇迹，而感恩文化只带来了表演的奇迹。

成功塑造文化的关键在于回报符合文化要求的行为。有了利益，员工就能够长期坚持这样的行为。而长期的行为会变成习惯，越来越多的人养成对应的习惯就会在企业内部形成一种工作作风，这种作风就是文化。

不少企业大谈文化，却耻于谈钱。没有合理回报的推动，文化就很难落地，最终成了挂在墙上的标语，挂在老板嘴边的口头禅。

也许有管理人员会和李总一样存在为什么奖励了员工符合文化要求的行为，

却还是不能形成文化的疑问。答案正如王总所说的，要想形成文化，回报必须是明确、可预测、长期持续的。

如果巴普洛夫在做反射实验的时候，偶尔在喂食前响铃，狗就很难形成听到铃声就分泌唾液的习惯。只有长期持续的关联才能建立起习惯。而奖励往往都是偶发的，缺乏持续性，很难让员工看到奖励和企业期望的文化行为之间的关联性。靠奖励激励员工的企业，员工往往更关注老板的喜好，更倾向于老板在场的时候表现自己。因为他们会认为奖励和行为本身关系不大，而与老板的喜好和心情更相关。结果这也形成了一种文化，但不是企业期望的积极工作的文化，而是流于形式、溜须拍马的文化。

所以，文化形成的关键是存在一个和特定的行为绑定的、长期有效的激励制度。如果有足够的时间，员工自己会观察激励到底和什么相关，最终他们往往也能够找到真正相关的行为并形成文化。所以，一个管理长期稳定的公司，即便没有明确提倡文化，最终仍然会形成某种文化，只是这种文化可能并不是企业所期望的积极奋进的文化而已。所以，李总的公司也会形成“文化”，他们的文化是那种老板看到了就表现一下，老板不在就偷懒，只管表面好看，不问实际成果的形式主义文化。

不少管理人员在管理中往往重视自己的实际感受而非系统地了解实际情况。这种情况下员工更在意给管理人员良好的感受而非追求工作成果，更倾向于混加班，围着管理人员拍马溜须，而不是实干。

还有一些管理人员，虽然很实干，但是他们在管理活动中更关注问题而非文化的塑造。因此，他们的奖励也往往会向解决问题倾斜。在这种情况下，团队里面往往就会出现很多优秀的救火队员。很少有人愿意去排除隐患，大家往往更倾向于等这个隐患发展扩大成为问题，甚至是严重的问题时才开始动手解决。他们深知问题越严重，能够得到的关注越多，解决这个问题所获得的回报也越多。这就造成公司内部问题频发，各种戏剧性的事件不断。这对公司的运营当然是有害的，但对擅长救火的员工来说却是他们收益最大化的捷径。

文化的形成很大程度上和老板相关。有一个广为流传的观念是公司的文化就是老板的文化。这种观点在一定程度上是对的，因为老板决定了奖惩的标准。他的奖惩标准最终塑造了员工的行为习惯，而员工的习惯构成了企业的文化。

但人不是简单被自己的喜好左右的动物，人可以摆脱自己偏好的束缚。如果老板能够摆脱自己的偏好，制定出合理的规章制度，就可以在一定程度上通过制度代替自己去推动文化。这种情况下，文化就不再是老板个人偏好的投射，因此公司的文化就是老板的文化这个观点也不完全正确。

由于制度本身可以征询多方意见，反复修订，很多情况下制度可以比老板的个人感觉更可靠，能够更加精确地评价员工的工作并做出合理的奖惩，进而推动健康文化的形成。

老板自己的精力有限、时间有限，往往有很多工作需要完成，很难耗费大量的时间去推动文化建设。但如果能建立一套合适的企业文化，把企业期望的行为和员工的利益回报挂钩，引导员工积极主动工作，一定程度上就可以把老板从日常管理工作中解放出来。这也是企业能否做大的关键。有些企业在规模比较小的时候运作还比较正常，一旦规模扩大，反而陷入了混乱。原因往往在于老板的精力有限，依托老板的个性建立的文化缺乏可复制性，文化的衰退带来的是管理绩效的下降，最终使企业陷入混乱。

4. 制度必须符合企业价值观，服务于企业目标

案例

李工是一家公司的骨干工程师。公司最近在越南新设了一个工厂，李工受命到越南支援新工厂的建设工作。一天，公司里越南本地的人力资源总监阮总向总经理张总汇报，说接到李工违背公司的采购政策，伪造投标文件，私自内定供应商的举报，李工也已经承认采购造假，并已在调查报告上面签字。阮总认为这种行为严重违反了公司的采购道德政策，应该按照相关规定辞退李工。

张总感到很意外，李工为公司服务多年，工作一向勤恳负责，而且很能为公司着想，自己也是看中了他的这些优点才特意把他从公司总部调过来援助新厂建设的。怎么会弄出这种问题？他觉得事态严重，告诉阮总自己会了解情况，然后再告诉他如何处理此事。

张总把李工叫到自己的办公室，要求李工解释。李工承认自己是造假了，伪造了两家没有参与竞标的供应商参与投标的信息。但那是因为自己刚到越

南，人生地不熟，越南的同事一个星期都没有开发出一个合格供应商。新厂项目工期非常紧，为了不影响项目进度，自己这才不得已出去找了一个供应商。本来按照公司的规定，项目采购必须招标。但前面联系过的供应商都不肯参与招标，自己一时间也找不到更多的供应商参与招标。而且这个项目金额很小，才一万元左右，即便单价高了一点，也不会给公司造成多大的损失。为了尽快让供应商中标开展工作，自己才伪造了另外两家公司参与投标的文件，让整个采购过程符合公司的采购政策。同时，李工表明自己在公司服务多年，一个月工资都不止这么点钱，根本就不可能为这点钱做手脚。

张总也相信李工说的是实话，但是他认为采购政策是红线，不能逾越。所以，最终他选择给李工保留一点面子，让他自己辞职。

分析

看完这个故事，可能很多人会同情李工，可能不少人也会认同张总的决定，认为如果大家都违反采购政策，公司就存在非常大的运营风险。为了防范风险，李工伪造投标文件的行为必须受到严厉的惩罚。

认同处罚李工的观点的管理人员往往关注问题而忽视文化塑造。他们虽然想竭力解决每一个问题，但团队氛围不好，终究会冒出更多的问题，让他们疲于应付。要想搞明白应该如何处理这个问题，首先要搞清楚企业的根本目标是什么。

企业的目标是为客户创造价值，最终实现盈利。所有的规章制度和员工所有的行为都是应该服务于这个目标的。明确了这个目标，再回头来评价李工的这个采购行为，我们就能得到不同的答案。

合理地降低企业的运营成本是每个企业都应该追求和提倡的。如果将按照流程开发供应商，凑够采购制度要求的供应商数量，不管工期是否延误、浪费多少成本这种做法，和找一个供应商，快速合作完成工作相比较，哪种工作方式更符合公司的目标？

李工的出发点是为了确保项目如期完成，给公司节约成本。这种一心一意为公司着想的行为正是很多公司大力宣传而不可得的。如果李工因此而被辞退，以后其他员工会怎么做事？谁还会关心公司的钱是不是用到了刀刃上？

李工被劝退会给其他员工传递一个明确的信号，即公司最重视的是流程制度，公司的利益可以放到一边。一旦员工普遍接受了这种观念，再想激起员工为公司利益而奋斗的精神就难如登天。员工会全力回避制度的处罚，即便制度损害了公司的利益，他们也会无动于衷。这种结局肯定不是管理者所期待的结果。

这就是为什么良性企业文化难以形成的一个重要原因。在现实的管理中，很多事情都是千头万绪的，管理者一不小心就会陷入问题的泥潭中，眼睛只盯着问题而忽视了员工的付出，自然也就不会对员工的付出给予合理的回报。而付出得不到回报就会降低员工付出的积极性。相信张总辞退了李工之后不会再有员工为了抢项目进度而违背采购政策，哪怕进度延误会给企业带来很大的损失，他们也会无动于衷。即便有这样不怕死的员工，最多也只是在劝退名单上增加一个新名字而已。

但有人会认为，李工违背了公司的制度，如果不严肃处理，以后谁还会把公司的制度当回事？所以他们认为李工的出发点是好的，但是违反了公司制度就必须受到处罚，虽然能减轻处罚，但不应该免除处罚。

管理人员期望能够兼顾制度和公司的价值。但在现实当中，有些时候我们无法两者兼顾。解决类似问题的关键在于理清价值排序。在李工的这个案例里面，张总应该权衡清楚是为企业降低成本重要还是遵守制度流程重要。从公司运营的角度来说，经营大于管理，当然是及时完工项目，保障公司准时投产更重要。所以针对李工违背采购制度的行为，从轻处罚即可，同时他及时采取有效的措施避免了进度滞后的行为则应该受到奖励。如果张总能够这样处置，相信有很多员工都会懂得遵守制度的重要性，但他们也会挑战不合理的制度来努力维护公司的利益，而不是固守妨碍公司利益的不合理制度。如果有很多这样的员工，那是公司的福气，而不应该是公司的顾虑。缺乏为公司的利益挑战不合理制度的员工才是一个公司最大的运营风险。

要想更好地应对这种问题，管理人员的脑袋当中必须有一个价值金字塔（如图 3－2 所示），帮助他们区分不同层级文化的重要性差异。

对于企业来说，企业最低层次的文化是企业标识，更高一级的是规章制度、行为准则，再高一级的是企业精神、道德规范，最核心的是价值观。所以，管理人员应该按照金字塔显示的重要性依次关注这些因素是否在管理中落实，优先确保高层次的文化落地。在这个案例当中，李工的行为符合维护企业利益的价值观，违反的是规章制度。所以，张总应该奖励李工维护公司利益的行为，而从轻发落其违反公司制度的行为。

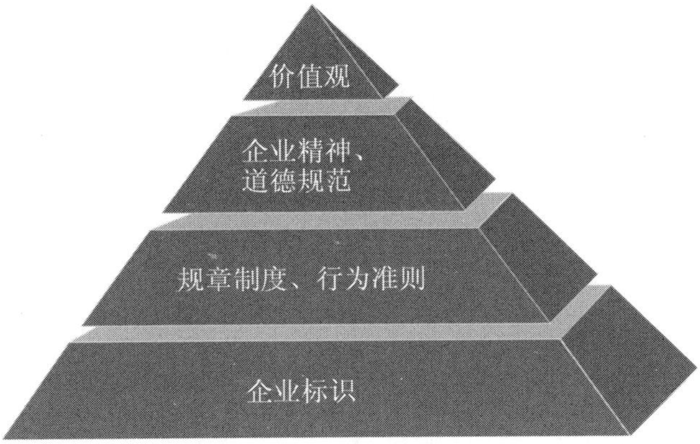

图3－2 价值金字塔

这个金字塔还可以帮助管理人员发现下层文化的偏差，及时修正。回到李工的这个案例，如果张总是一位优秀的管理者，他应该注意到公司的采购制度存在缺陷，可能会损害公司的利益。李工碰到的问题并不是他个人的问题，而是共性的问题。在一个地方新开工厂，难免会碰到无法凑齐三家供应商的局面。很多小金额采购也没有必要通过招标进行。很多世界性的大公司，他们在类似问题上就允许员工在情况紧急，或者金额较小的情况下简化操作，只得到一个供应商报价也可以开展合作。而李工的公司可能因为缺乏这种经验，使过去在国内运行良好的制度在海外发展时出现了缺陷。这本来是张总发现公司制度缺陷，改善制度的机会，结果却因为张总缺乏管理经验而失去了一名好员工。

公司管理人员应该时刻维护公司的核心文化，在发现不同层级文化出现抵触的时候，要深挖原因，调整底层文化，保障公司文化的一致性。公司制度合理了，就能够从根本上避免出现类似矛盾。这样公司的规章制度才能随着实际问题的出现而不断更新，不断适应新的问题，才能避免管理僵化的局面。毕竟制度本身并不是目的，维护公司利益、提升运营绩效才是目的。

5. 规章制度必须以价值创造为导向

案例

某高科技企业一向相信员工的自觉性，上下班从不记考勤。后来公司招聘了一位新的人力资源经理沈经理。沈经理一来就发现公司迟到的问题很严重，于是向老板李总建议加强考勤管理，并列举了很多缺乏考勤管理的弊端。李总最终被沈经理打动，同意沈经理加强考勤管理，强化工作纪律。得到李总的认同之后，沈经理马上制定了明确的考勤制度，要求大家必须按时上班。但沈经理发现大多数员工根本不把考勤制度当一回事，迟到依旧。沈经理把情况告诉李总，希望用强制手段强调考勤纪律。李总亲自了解了一下，发现迟到确实已经成为一个普遍的现象，他对这种现象很不满，认为员工辜负了自己对他们的信任。

于是在沈经理的推动下，公司措辞强硬地发了一个通知，要求大家必须严格考勤，迟到的一律罚款。在李总亲自抓了几次并对迟到员工罚款之后，公司的考勤情况大为好转。

可是李总和沈经理还没来得及庆祝新考勤制度的成功实施，就发现销售部员工意见很大，研发员工的工作积极性更是明显下降。以前总是有研发人员义务加班，现在一下班，研发部就空荡荡的，研发的很多项目的进度都出现了滞后的现象。研发总监认为这都是考勤制度惹的祸，原来公司运营正常，突然推行这么一个考勤制度导致了现在这个局面。

分析

推行考勤制度居然引发工作效率下降，这似乎有点不可思议。问题到底出在哪里？李总和沈经理不会认为自己犯了错误。因为在他们看来，作为员工就应该遵守公司的考勤制度，公司为员工的工作时间支付了薪酬，员工理所当然应该准时上班。

管理重视的是实效，无法取得好的效果的管理都不是好管理。如果研发部员工不肯加班，效率低下是李总和沈经理的考勤改革所导致的，那么这个考勤改革就不是好的改革。所以要想搞明白这个改革是不是好的改革，首先要搞清楚，为什么研发部员工现在不肯义务加班。

按照新的考勤制度，研发人员早上也必须准时上班，为了保障充足的休息时间，晚上就必须早睡，下班就不能太晚，当然就不能像过去一样加班。如果早上的工作效率和晚上的工作效率一样，则没有影响。但如果研发人员是夜猫子，晚上工作效率更高，这种工作时间的调整就会带来效率的下降。所以，从这个角度来说，研发总监的抱怨也不是完全没有道理的。

公司期望的方案是研发员工既要保持晚上加班，又能在白天准时上班，最后还不会给公司增加成本（不要加班费）。假设前期的付出与回报是平衡的，那么这种要求就会打破这种平衡，导致员工多付出，而招致部分员工的反对。对于很多中小企业来说，他们的薪酬本身没有吸引力，突然要求员工延长工作时间又不增加薪水，很容易导致员工流失。李总和沈经理的错误在于，他们选择性地关注事实，这导致他们只看到了研发的员工迟到，却看不到员工晚上加班。这种选择性忽视最终导致他们认为公司吃亏了，并做出了错误的决定，进而给公司带来了负面的影响。

如果管理人员把付出 - 回报原则作为自己管理的基本原则，那么他们要求员工准时上班的时候就会在心里考虑这个要求的必要性，思考是否有更好的方法实现自己的目标。如果管理人员能这样考虑，就能避免很多不合理的要求。

但如果管理人员没有付出 - 回报的意识，他们就倾向于毫无节制地提出要求。要求太多，回报太少，这往往会导致有能力的员工选择离开，导致企业在招聘的时候无法吸引有能力的员工。最终管理人员不得不降低要求招聘相对较差的员工，导致团队劣币驱逐良币。这对团队的健康发展将是致命的。

要想真正解决这种问题，管理人员一定要有付出 - 回报的意识。首先，管理人员要避免随意提出要求，要习惯于围绕工作目标提出工作要求。同样的薪水，因为减少了员工的付出，这样的工作条件就更能吸引优秀员工，避免团队素质弱化。

或者说，实现同样的工作目标，能够减少员工的付出，公司就可以避免提升薪水而导致成本上升。图 3 -3 能够让我们更清晰地看懂这个问题。

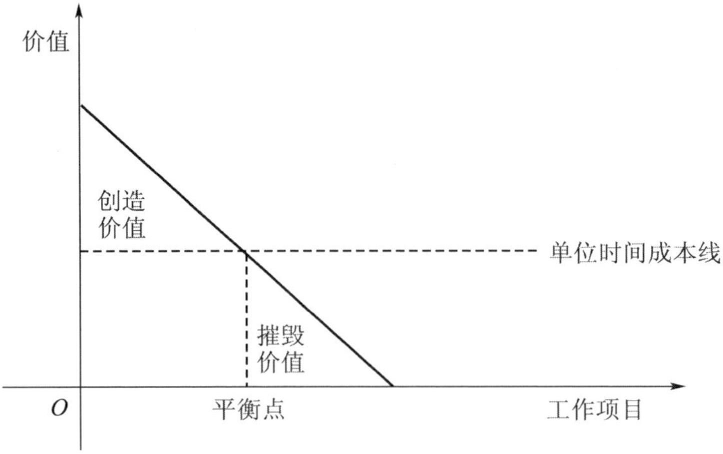

图 3－3　工作项目－价值关系图

聘用员工工作，需要企业向员工支付合理的薪酬和福利。换算到每个时间单位就得到了单位时间的成本，即图中水平虚线。员工做不同的项目，单位时间的收益不同，不同时间段的收益也不同，作为管理者需要让员工尽量做高价值的工作，在高价值的时间段工作，这样才能让员工在有限的时间内创造出更多的价值。如果管理者期望尽善尽美，总是要求员工去做很多缺乏价值的工作，那就是摧毁价值。而且因为没有创造足够的价值，就必然无法给予员工合理的回报。进而导致文化弱化，团队失去凝聚力。

研发人员在早上和晚上的工作效率一般都会存在差异。大多数研发人员更喜欢在晚上工作，一方面是因为很多研发人员都是夜猫子，晚上思维更活跃，早上他们的大脑还没兴奋起来，效率相对比较低。另一方面，晚上没有太多琐碎杂事干扰，研发更容易集中精神，这也导致他们往往在晚上工作效率更高。所以，案例中沈经理要求研发部早上准时上班反而降低了研发的工作产出。研发人员增加了早上低效时段的工作时间，而减少了晚上高效工作时段的工作时间，产出自然下降了。

手段应该是为目标服务的。企业的考勤制度应该服务于公司的价值创造，服务于员工的工作效率提升，不应该一味强制要求考勤而导致工作效率下降。

沈经理的错误之处在于制定考勤制度的时候没有考虑价值创造，最终制定出违反价值创造的考勤制度。这种制度很难推行，因为各级管理人员在执行的过程中很容易发现效果不好的问题。而且公司无法从这种制度中获益，就很容易失去长期坚持的力量。

如果要对考勤进行管理，可以针对研发的工作特点推行弹性工作时间的考勤制度，这样做一方面可以约束少数恶意利用公司善意的员工，让他们不能随意减少工作时间。另一方面也能够给那些确实希望在晚上高效率工作的员工提供制度保障。

有人可能会进一步提出如何对待行政后勤、生产供应链的员工的问题，如果允许他们也弹性工作，公司可能会陷入混乱。

事实上可以要求这些员工必须按照公司规定的时间上班。对于这个答案，可能不少人的第一反应都是认为不公平。为什么研发人员就可以弹性工作，为什么行政人员、后勤人员、生产人员就不行，这似乎是歧视政策。对于管理者来说，我们需要关注的是如何提升企业运行的效率，为客户创造更多的价值。如果允许研发人员弹性工作而强制要求生产人员按固定时间表工作能够创造更多价值，那就应该坚持，这不是歧视，这是根据不同职能部门价值创造的差异做出的更符合实际的规定。

而且从员工的角度来说，如果生产员工不接受固定工作时间，他完全可以选择其他能够提供弹性工作时间的公司去工作，而公司只要能够找到足够接受这种工作时间的员工。而对于企业来说，能够找到接受这种公司规定的员工是不难的。所以，这种制度的成功推行并非不可能，关键在于管理人员自己观念的转变。

管理人员如果能够更有效地利用员工的工作时间，创造更多的价值，也就为提升员工的福利待遇创造了可能。所以，坚持让员工以更高效率的考勤制度工作是合理的。这样做从长期来看反而会更吸引员工，而不是导致人员流失。

所以，解决案例中问题的关键在于根据运营的需要制定规章制度。尽量不要以加强管理的名义推行制度。价值创造才是第一位，不能让管理大于运营。

6. 文化的基础：平等 & 协作

案例

一天，某公司销售员赖小姐投诉供应链部门官僚化，行动迟缓，发货延误，导致客户投诉，影响销售后续市场的拓展。总经理李总知道之后非常恼火，马上召开了各个大部门负责人的会议。在会议上，李总强调了为客户服务的重要性，要求所有部门都必须用专业的水平为客户提供高品质的服务，他不能接受任何部门拖公司后腿，影响公司在客户心目中的形象。

李总定调之后要求销售部具体描述客户投诉的问题。赖小姐浓墨重彩地突出了这个客户的重要性，还绘声绘色地汇报了销售人员如何用高素质的沟通手段打动了客户，获得了这次合作机会。最后她把眼光转向了供应链总监江总，继续说道，因为这次交货的延误，客户很生气，虽然销售部目前在全力以赴挽回交货延误带来的不良影响，但是这件事仍然有可能给后续的合作带来负面影响。

听完赖小姐的汇报，李总连忙点头道："销售人员辛苦了，你们在前方奋力拼搏，公司内部就应该全力为你们提供好后勤支持。"然后李总掉过头问江总："你们供应链这次是怎么回事？"

江总很淡定地说："第一，我本来是说可以三天交付，最近我们在上ERP，系统数据还有些问题，导致我们产生了误判，实际发货时间比我们承诺的晚了一天。我们已经解决了这个问题，后续不会有类似问题了。第二，通常情况下这种订单的合理发货周期是五天。承诺三天交付是因为销售部说客户急需。第三，我关注到这个订单是分成两部分下达的，前面的部分和后面的部分相差一周，我现在想知道销售部为什么要分两次下达订单？"

江总的话一说完，赖小姐的脸色就变了，但她一句话也不说。整个会议室都沉默了，沉默了快30秒，最终还是李总打破了僵局，说："大家都是好同志，销售部能拿下订单做得不错，供应链一边上ERP，一边保持这么快的交付速度，也很努力，都辛苦了。今天的这个事情就没必要计较了。我们是一个团队，碰到问题不应该互相指责，要同舟共济，互相帮助，公司好了，大家才能好！行吧，今天的会议就开到这里，先散会，销售部负责人留下来，我们研究一下怎么解决客户投诉的问题。"

分析

很多老板和高管可能都认同李总的做法，觉得无可厚非。对于企业来说，没有订单就意味着死亡，所以更重视销售部也是人之常情。相信有不少管理人员都会认为李总的做法虽然看似不公平却符合实际。

针对这个问题，管理者首先需要考虑的是要维持一个企业、一个团队运作，到底是某个部门、某个人更重要，还是团队各司其职、互相配合更重要?

如果销售能够在任何情况下搞定客户，那么就是销售最重要，其他人必须无条件服从，如果其他岗位不重要，随便换个人也不影响业务的拓展和企业的发展，那么在这种情况下，坚持销售优先是对的。

但如果销售不能完全搞定问题，还需要其他部门做出较高水平的配合才能解决问题，这个时候就不应该完全服从销售了。如果其他部门的某些能力才是公司的核心竞争力，就应该给予他们相应的尊重。

如果对于公司来说最重要的是确保不同部门高效协作，那么管理人员就应该优先关注不同部门之间的协作配合，尽量鼓励他们配合而非互相指责。对于合理的失误应该宽容，鼓励其他部门及时补漏并解决问题。

针对这个案例，李总不应该急于追究责任，而应该多鼓励合作。从案例中我们可以看到，供应链部门并没有故意拖延怠工，出问题只是由于一个偶然的失误。在这种情况下没有必要扩大团队内部矛盾。李总贸然召集会议，提升了问题的等级，扩大了双方的矛盾，最终又不能给出让人满意的处理方案，导致部门对立，陷入内耗，最终影响了企业的发展。

做任何工作都难免有失误。如果管理人员动辄惩罚出现失误的部门，很容易导致员工产生做得多、错得多的认识，最终导致员工做事畏首畏尾，不利于建立积极肯干的团队文化。

并不是说员工可以随意犯错。对于主观故意的错误，或者完全能够合理避免的错误，以及频率过高的错误，管理人员还是要及时处罚，防止团队成员对工作漫不经心而带来损失。但从上面的案例来看，并不符合其中任何一个条件，所以开会追究责任是没有必要的。更合理的解决方法是私下沟通，让供应链了解情况，并勉励他们以后把工作做得更好。

在这个案例中，李总对赖小姐的处理也不妥当。赖小组自身工作不认真，遗漏部分订单导致交付紧急，对于客户的投诉也不积极解决，反而想把责任全部推给供应链，这是故意损害互相协作的企业文化的行为。李总知道之后并没有处理，反而用简单的一句话轻轻带过，这一定程度上是纵容赖小姐，只会助长她的气焰，以后很可能会继续损害积极协作的团队文化。

从这个案例中我们也可以看到，江总努力积极为公司创造价值却没有得到嘉奖，赖小姐故意损害团队工作氛围也没有受到任何惩罚。如果这种情况是常态，员工就不会再努力配合彼此工作，而是想办法获得老板的信任和支持。而且信任有时候是相对的，为了让老板更相信自己，员工很可能故意见死不救，让对手失去老板的信任。一旦到了这个局面，公司内部就充满了倾轧和斗争，老板也会整天忙于救火、协调各种问题，让实干的员工反而难以找到工作的感觉，往往会选择离职，导致团队的问题更加严重。

碰到这样的问题，李总首先应该反思，为什么销售部门会把自己的责任推卸到其他部门。原因可能是李总过于严苛，员工一出现失误就严厉问责，最终导致大家都怕犯错，犯了错误就想掩盖，或者推卸到其他相关部门。害怕处罚，尤其是害怕严厉的处罚是人之常情。在这种情况下李总应该反思自己的管理尺度。如果赖小姐的错误并不是故意的，也不是她可以完全避免的，发生的频率也低于一个合格销售的错误率，那没有必要对这种问题过于计较。要想用人，就必须接受他们可能犯的合理错误。如果总是希望通过处罚消除这种错误，最终反而可能彻底失去这个员工。

只有宽容大度的领导才能带出敢于承担责任的团队。因为宽容大度的领导能够给予员工所必需的安全感，一个有安全感的员工才敢于承担自己的错误和责任。只有员工都敢于承担自己的错误和责任，才能建立起积极协作的团队文化。

如果李总在以往的管理中表现出了足够的宽宏大度，赖小姐仍然推卸自己的责任，那么赖小姐就是缺乏团队协作意识，而这种推卸责任的行为应当受到严惩。

有的管理人员可能会担心如果惩罚赖小姐会影响销售人员的工作积极性。这时，管理人员需要在团队协作和个别销售人员的积极性之间做出抉择。两害相较取其轻，关键在于到底哪个因素是决定团队成功的关键因素。

此外，销售也是人，他们也有廉耻荣辱心，对于自己犯错还推卸责任的行为应该是每一个有正义感的销售都会唾弃的。这种故意推卸责任的行为很难获得其他销售的同情，因此基本上不会发生处罚赖小姐而影响销售团队的工作积极性的情况。如果整个销售团队都有像赖小姐这样喜欢推卸责任的员工，很大可能会造成动荡。但公司根本就不应该允许这样的事情发生。退一步来说，如果真到了这一步，公司也必须考虑团队换血。

如果通过处理赖小姐，能够得到供应链更高的配合度，为销售工作提供更加强有力的支撑，其他销售人员就更没必要同情赖小姐。对于销售部门来说，一个能够提供高质量服务的公司内部平台肯定比一个推卸责任的部门同事更重要。更何况，即便有个别销售人员不能接受公司处理推卸责任的销售人员，公司也不用担心招聘不到合适的销售人员。一个有积极协作氛围的团队会吸引更多喜欢这种氛围的销售人员，平等和协作的工作氛围才是最能吸引人才的地方。企业的管理者应该致力于建立这种文化氛围和流程制度，通过这种氛围吸引优秀的人才加盟，而不是迁就德行有亏的员工，然后在人才流失后更加倚重那些德行有亏的员工。

所以，李总在接到赖小姐投诉的时候就应该马上判断，这是一个偶发的错误还是一贯的错误。如果是一贯的错误，那应该找供应链的负责人沟通，指出对方的工作问题，要求对方提出解决方案。如果对方认识到错误，提出了可行的解决方案，可以要求对方跟进解决方案，推动问题解决。根据解决的情况决定下一步的处理思路。

如果是偶发的错误，供应链的表现总体值得肯定，那就不应该人为地放大这个问题，而是应该帮助赖小姐先协调解决问题。解决了问题之后，向赖小姐强调团队合作的重要性，同时在合适的时候单独找供应链江总监谈话，告诉他问题已经得到解决，以后尽量想办法避免类似错误就可以。这样做一方面保持了团队积极协作的工作氛围，另一方面也解决了问题，稳定了人心。

管理人员应该不断在工作问题的处理中强化团队文化。如果管理人员的处理手段总是违背团队文化，就很难真正建立起企业需要的团队文化。人往往是趋利避害的，没有几个员工能够长期为了公司的利益而损害自己的利益。管理人员只能通过合理的管理手段引导建立需要的团队文化，而不是采取强制和洗脑的手段。

7. 文化塑造要符合实际

案例

某公司为了降低运营成本，把工厂从深圳迁到了一个地处内陆的小城市。

招工的时候，人事部门发现很多员工年纪都偏大，多数都是刚刚洗脚上岸的农民。

新厂的刘厂长发现员工素质较差，大都喜欢抽烟，车间里面到处是烟头。这种脏乱的现象让他极为不满，认为一个连清洁都做不好的工厂是不能做出什么好的产品的。于是他决定立即在工厂推行5S。刘厂长召开了5S推动会议，明确了要求，确定了各部门的责任区域，然后要求各部门负责人推动。为了确保5S能够得到大家的重视，刘厂长决定对抽烟进行惩罚，规定如果发现有人在厂区抽烟，发现一次处罚100元，第二次500元，第三次开除。在部门负责区域发现烟头的，一个烟头扣部门经理50元，员工每人扣10元。刘厂长希望通过这种雷霆手段快速解决厂区脏乱的现象，同时提高员工的质量意识，提升产品品质。

会上，各个部门经理都对如此快速推行这个禁烟令表示担忧，希望能够缓一缓。但是刘厂长认为5S是制造企业最基本的要求，如果深圳工厂能够做到，这里就一定能够做到。他坚持要求立即推行5S。

在正式推行禁烟令的第一天，人事部就抓到了几个抽烟的员工，都是本地员工。人事部按照禁烟令对员工进行处罚的时候引发了员工激烈的反弹。最终人事还是按规定对这些员工进行了处罚，结果这几个员工下午就递交了辞工单。接下来的几天，仍然有人不断递辞工单，辞职的原因基本上都是认为公司管理太严。最终几天之内新招的本地员工几乎都辞职走了。

这样一来，各个部门的经理也慌了，他们找到刘厂长反馈了情况。刘厂长却认为员工走了可以再招，坯子坏了却很难修复，重新招聘员工即可。

新工厂后续的员工招聘一直很艰难，人事也想了很多办法，但是根本没有多少人愿意过来面试。好不容易招了几个新员工，来了没几天也走了。员工不足严重地影响了新工厂的投产计划，公司在和刘厂长沟通之后，发现他仍然坚持自己的观点，对解决员工不足的问题没有任何有力的对策，最后公司不得不辞退了刘厂长。

分析

不少管理人员可能认为刘厂长也没做错什么，只是碰到了一群缺乏现代企业工作素养的员工，如同秀才遇到兵，有理说不清。赞同刘厂长的人认为刘厂长推行5S、实行禁烟令是对的，这些措施都是保障生产质量、提升生产效率的有力手段。所以刘厂长的做法没有错，错的是那些思想落后的员工，公司也缺乏坚定的信心，不应该一出现问题就辞退厂长。

管理的目标是为客户创造价值，实现企业盈利。以这个标准来衡量刘厂长的管理，我们会得出相反的结论。刘厂长的管理导致员工大幅度流失、招工困难，无法维持正常生产，给公司带来了很大的损失。而且刘厂长也无法保证这个问题能够在短期内得到解决，也就意味着如果继续让他管理下去，公司还将在相当长的时间内承受巨大的损失。这显然违背了管理的目标，所以刘厂长的管理方式是错误的。

推行5S没错，禁烟令也应该没错，但要做好管理，需要在正确的时间，用正确的方式，做正确的事情。刘厂长的管理只实现了第三条，做正确的事情。但是时间不正确，方式也不正确，所以他的管理是错误的。

首先，刘厂长推出改革的时间点不正确。对于新开设的工厂来说，早日实现正常生产才是重中之重，其他的工作目标都可以暂缓。刘厂长首先需要评估抽烟对正常生产到底有多大的影响，如果这些活动严重影响了生产质量，那确实需要采取手段禁烟，但可以考虑只在生产区域禁烟，而不应该全面铺开。管理人员必须考虑员工的接受程度。如果没有影响质量，仅仅只是对生产效率有一些影响，那就不应该在这种时候推行禁烟令。

对于已经形成烟瘾的人来说，戒烟是一件非常痛苦的事情，成功率也不高。刘厂长事先就应该想到禁烟并不是一个容易实现的目标。禁烟目标和人员招聘到位、实现正常生产存在冲突，就不应该在企业还在提升产能的阶段强制推行这种管理规定。他的禁烟令加大了员工和企业的冲突，进而导致企业对新员工失去吸引力，难以招聘到足够的工人。一个无法开工的工厂，5S做得再好也没用。

刘厂长忽视了当地人员素质的实际情况。深圳是一个开放的一线城市，年轻人多，新的观念相对容易推行。而且经过多年的宣传，相当多的人都接受了吸烟有害健康的观念，不吸烟、烟瘾小的人群占了很大的比例。有了这种社会背景，企业推行禁烟相对较为容易。但是对于一个内地的小城市来说，人员素质相对较低，烟瘾较大的人比重较高，而且很多人以前都是农民，年纪较大，又缺乏现代企业管理的熏陶，对新鲜事物接受能力较低。在这种情况下，推行禁烟需要一个较长时间的宣传和引导，让员工有一个适应、接受的过程，然后再逐步推行戒烟。

刘厂长的禁烟措施完全没有宣传引导的时间，还采用严厉的处罚手段强行推动，很容易引起员工的反感，最终导致失败。

一些管理人员把失败归咎于员工的素质低。首先，一个地区的员工素质高低是无法改变的现实，管理者只能依据当前的现实选择合适的时机和手段进行管理。另一方面，人无完人。很多人都在做一些大家公认为不健康、不好的事情，比如明知缺乏运动会导致一系列的健康问题，但很多人仍然很少运动。腌制食品不健康，仍然有很多人食用咸鱼、咸肉。如果有人推行规定，要求每天必须运动半小时以上，不允许食用咸鱼、咸肉，也一样会招致很多人的反对。所以，管理者不应该只因为要做的事情是正确的就一定要马上推行，还需要考虑现实的局限。脱离现实谈管理毫无意义。而刘厂长的管理要求脱离了当地员工的实际素质水平，导致员工产生抵触，难以招工，这是明显的管理错误。

刘厂长之所以推出改革的方式不对，是因为他企图单纯用惩罚的手段迫使员工改变固有的观念。他推行 5S 主要是通过罚款来强制推动的，这种手段很容易导致自己失去员工的支持。如果企业的待遇很好，有很多人挤破头也想进厂，适当提高要求是合理的。但如果企业本身缺乏很强的吸引力，这样做就很容易导致企业遭遇用工难。

对于管理者来说，推出改革措施之前，一定要考虑实际情况，根据实际情况提出具体的解决方案。在确保改革效果的前提下，尽量让方案容易推行，这样才容易得到支持，才能提升改革成功的概率。天下之事，逆者难行，顺者易行，难从则乱，易行则理（摘自《素书》）。实施难度高的方案，很容易激发员工的反对，最终导致局面混乱。因此管理者要尽量避免推行太难的方案，太高的实施风险会降低方案的吸引力。

作为管理者，如果因为利益所驱，确实需要推出高难度的改革，一定要学会通过一些妥协或者补偿手段让方案变得令员工易于接受，这样推行成功的概率才会提高。如在案例中，刘厂长可以不在整个厂区推行戒烟，而是在车间生产区域禁烟，并设置吸烟区，让吸烟的工人有一个缓解烟瘾的地方；同时设置休息时间，比如上午、下午工作期间各留出 10 分钟，让吸烟的员工可以吸烟放松一下。相信这样做能够让更多的员工接受改革方案。

其次，刘厂长也可以采用补偿方案，让不吸烟的选择变得更有吸引力。比如，为吸烟的员工提供糖果，让他们在想吸烟的时候通过吃糖果缓解烟瘾；开展评比，对那些能够坚持不在禁烟区域吸烟的员工进行表彰和奖励。这样能在一定程度上推进戒烟改革。

在公司效益比较好，生产过程必须禁烟的情况下，可以通过提高员工待遇，招聘接受不吸烟条件的员工。这种方法虽然成本较高，但因为能够快速推行禁烟，实现企业目标，也不失为一个可行的方案。

这些妥协和补偿方案可能会增加一些成本，但和改革失败比起来这种成本微不足道。所以这种妥协和补偿是有意义的，为企业创造了价值。

由此而言，在树立新的文化制度的时候一定要首先考虑是否有必要改革。如果改革能够带来较大利益，才可以考虑改革。在改革之前，首先要考虑受改革影响员工的范围，如果范围比较小，并且没有产生重大的负面影响，可以推行。如果影响范围太大，产生的影响很严重，就需要慎重考虑推行方式。在这种情况下，可以通过妥协和补偿等手段让方案更容易被员工所接受。

8. 如何塑造敢说真话的团队文化？

案例

李总是一家企业的总经理。最近他感到很恼火，他提拔了一个部门总监赖某，后来被一个客户，也是多年的老朋友赵总告知赖总能力很一般，不适合做总监。李总感到很惊讶，说："其他部门的总监并没有向我反馈过这个人能力不行啊！如果这个人能力不行，其他那些部门总监应该早就发现了呀！"

结果赵总嘲笑李总说："什么不知道，我和你们的几个部门总监都打过交道，看得出来，他们都很瞧不起这个赖总，说明他们早就知道了。恐怕只有你不知道。"

李总为此感到特别生气，认为这些高管都拿着公司的高额薪水，却没有为公司分忧的责任心。于是他在公司会议上强调大家都在一条船上，如果公司运营不好，作为高管，大家的利益也会受到损失。他要求大家一心一意为公司，发现问题要敢于及时提出来，对于错误的决定，要敢于出来制止。哪怕是李总自己做出的错误决定，他们也要敢于站出来制止。李总提出公司必须树立"文死谏，武死战”的文化，让公司的决策更加合理，提升公司的运营效率。

会议上大家都高度赞扬了李总的决定。但是过了一段时间，李总发现一切都没有什么改变。

分析

在出现重大错漏的时候，管理人员往往会责怪早已知道或者应该知道情况的下属没有及时提醒自己而导致问题扩大。他们希望这些人能够坦诚地和自己沟通，借助集体的力量来防范重大管理决策风险。

这种想法很好，现实却往往让人失望，几乎没有下属敢对管理人员的决定提出异议。像上述案例中的李总，即便为此专门召开会议要求下属对不合理决定提出异议，下属仍然不敢提出任何反对意见。原因恐怕并不是李总深得下属的认同，而是下属担心李总会惩罚提出反对意见的人。

从人性的角度来看，人都是渴望表达自己的意见和看法的，这是获取认同、实现自我发展的重要方式。中国有句老话说：人之患在于好为人师。但是在人们低层次的需求比如安全受到威胁的时候，人就可能为了确保自己的安全而放弃有风险的做法。这些管理人员之所以没有对老板的决定提出异议，就是因为担心提出异议后会受到惩罚。

下属对管理人员的决定发表异议的可能性取决于提出异议是否安全。安全性越高，他们表达自己真实意愿的可能性越高。如果管理人员总是惩罚和自己观点有分歧的下属，那么他就越来越难以听到不同的声音，导致团队事实上变成自己的一言堂。要想让下属敢于发表自己真实的想法，首先必须帮助他们放下包袱，让他们相信即便提出了不同的观点也是安全的。这就需要管理人员有容纳不同意见的雅量。很多时候，我们能听到真实的观点的多少取决于我们容纳不同观点的肚量。

很多管理人员往往在出现问题后才想起建立民主的沟通氛围，但这种沟通氛围不可能在一天之内形成，需要长期培养。而且建立这种沟通氛围成本也非常高昂，管理人员不能只享受收益而不承担成本。

让下属直言无忌，首先就要接受很多不同的观点，其中很多观点可能没有价值。管理人员要建立真诚沟通的氛围就必须忍受很多没有价值的和消极的观点。如果管理人员流露出反感的情绪，就很容易打击下属提出不同意见的积极性。这对于管理人员来说，就是要找到利弊的平衡点。

我们用一个函数图来表述这个问题。如图 3 – 4 所示，横坐标是沟通程度，纵坐标是成本，现在存在两种成本，一种是沟通成本，另一种是决策失误成本。沟通程度越高，沟通越频繁，沟通的成本就越高，此时，造成决策失误的概率相对较低，决策失误成本较低。如果很少沟通，沟通的成本很低，但是决策失误的成本很高。作为管理者必须综合考虑两种成本，在两者之间权衡。理论上沟通存在一个最佳平衡点，即图中两条成本线的交叉点。在这个平衡点两种成本相当，总成本最低。从实际操作的角度来解释，就是如果管理人员觉得沟通很频繁，但是很多问题并没有深入，没有找到更好的对策，可以考虑简化沟通；如果发生了比较多的可以避免的决策失误，应当适当增加和小组成员的沟通。

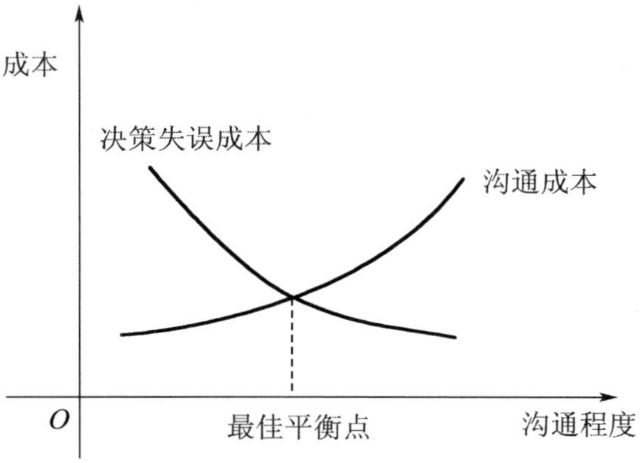

图 3 – 4　沟通程度 – 成本关系图

具体沟通应当深入到什么程度很大程度上取决于团队的氛围和员工的个人素质。具体关系如图 3 – 5 所示。

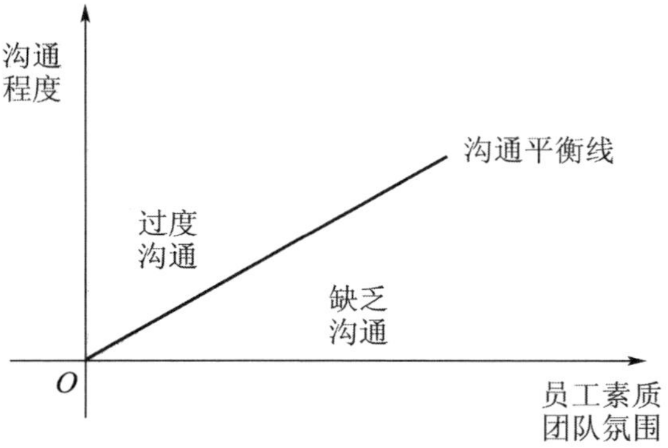

图 3 – 5　员工素质、团队氛围与沟通程度的关系

横轴是员工素质或者团队氛围，纵轴是沟通程度，坐标中的斜线是沟通平衡线。根据经验我们可以知道，员工素质越高，越能够通过深入沟通找到更好的方案。在这种背景下，应该扩大沟通程度，建立更为民主的工作氛围，通过群策群力找到更好的解决方案，降低决策失误成本。如果员工素质较低，沟通就比较难以获得积极的成果。沟通的问题越深刻，他们越难提出好意见。如果话题远远超越了员工的能力，沟通往往难以取得成效。但沟通本身会耗费时间，所以这种无效沟通越多，总成本越高。在这种情况下，应该适当降低沟通频率。

但是从长期来看，员工素质和团队氛围都是可以得到改善的。而企业经营所面临的情况可能越来越复杂，在摆脱了企业的生存危机之后，管理人员必须为未来做好准备。为了降低决策失误的风险，管理人员必须提高团队成员的参与度，提升员工的沟通能力，让他们能够参与更深度问题的讨论，帮助团队和公司找到更好的解决方案。只有团队氛围改善了，能力提升了，团队才能更好地应对未来更激烈的挑战。

第四章 人员管理

1. 正确选人的工具和流程

案例

M公司是一家发展快速的民营企业。为了进一步拓展市场，公司决定外聘一位销售总监。为此，他们特意从同行的龙头企业挖来了赖先生担任销售总监。

结果没多久，下面的销售员就向总经理李总抱怨赖总监根本不懂销售，连最基本的陌生拜访都不会，还喜欢摆架子，让客户很不高兴。李总认为这可能只是老员工对新总监的抵触情绪所导致的，只是安抚了几句。但是后来有更多的销售员纷纷向李总告状，才让李总感觉到问题的严重性。

后来，李总安排赖总监为公司制定一个销售战略规划，赖总监提交的战略规划让李总很不满意，规划看似高大上，但根本不可行，完全不符合公司的现状。

李总私下委托专业机构对赖总监过去的工作做了深入调查，最后发现赖总监以前的职位确实是销售经理，但他们的销售更多的是管理渠道、代理商。他原来的公司根本不是直接向客户销售产品，而是通过代理商销售，所以该公司的销售经理这个岗位并不需要有销售能力，只需要有管理渠道的能力。

看了调查报告后，李总才恍然大悟。

分析

选人一直是困扰各级管理人员的问题。选到合适的人能够让团队工作效率大幅度提升，让管理工作事半功倍。选错了人，就会像案例中的李总一样，不仅不能解决自己的问题，反而制造出更多问题，还要安抚下属、协调冲突。选对人往往工作就成功了一半。但到底应该如何选人呢？

很多公司领导都是采用类似李总的方法，从同行那里挖来类似岗位人员，或者从领先企业挖低一级岗位的员工。这样选来的人都是一个行业，不需要再去学习本行业的知识，来了马上就可以上手，如果挖来的人是从行业的龙头企业跳槽过来的，还能够带来一些好的经验。这种方法看起来优点很多，基于这样的想法，很多管理人员都倾向于从同行挖人，甚至不惜高薪挖人。

其中固然有成功的案例，但像李总这样失败的案例也非常多。问题出在哪里呢？

从上面的案例我们可以看到，同是销售总监岗位，两个不同公司的工作职责完全不同，需要的能力也完全不同。李总的企业需要销售总监有很强的单兵作战的能力，能够刺刀见红，直接拿下订单。所以，他们认为一个销售总监居然不会陌生拜访是一件不可思议的事情。而赖总以前的公司是通过营销建立良好的品牌形象，通过品牌吸引代理商加盟，最终通过加盟商完成销售。他们的核心在于营销而非销售，对于他们来说，销售其实只是一个渠道管理部门，代理商才是拿单的。正是因为这些原因，赖总根本没有单兵作战能力，也不会陌生拜访客户。这不是赖总虚构了简历，他以前的工作内容就是这样的。对于李总来说，这种误判让他付出了昂贵的代价。简单地通过职位名称挖人很容易产生截然相反的效果。

那么到底该如何招聘选拔人才呢？

首先，管理人员需要明白，自己选拔人才不是为了填充职位空缺，而是为了实现特定的工作目标。招聘的原因是企业有了经营目标，比如为了拓展特定市场，为了提升质量等，而内部暂时没有合适的员工能够实现这些目标，所以要从外部招聘合适的人员。因此，判断一个人是否合适的关键在于他是否能够达成这些目标，而不是他是否做过类似的职位。在案例中我们已经看到，不同公司、同样名称的职位，工作内容大相径庭。

所以，招聘人员应该从本公司的目标出发，清楚待聘岗位需要做哪些工作，需要实现哪些目标，然后总结出本公司胜任该岗位所需的能力，得出该岗位的胜任能力模型。如果管理人员搞清楚了岗位所需要的能力，然后找出具备这种能力的候选人，候选人胜任工作的概率就比较高。

对于同一个行业内的不同公司，企业文化、目标、资源配备不同，相同岗位所需要的胜任能力可能会有很大的差异。根据统计，工作绩效的65%决定于个人不可控的工作环境、流程制度、资源等因素，个人可以掌控的部分仅占35%。这就是为什么即便挖到了同行类似岗位的员工，仍然可能失败的原因。

比如同行业的两个采购岗位，一个是大企业，一个是小企业，即便采购的物料相同，需要的胜任能力可能差异巨大。大企业的采购可能需要擅长成本分析，职业操守高，熟悉工作流程。而小企业的采购可能需要更积极的工作态度，很强的供应商拓展能力。大企业往往不难找到合作供应商，难的是成本控制。而小企业往往会面临供应商合作意愿低，因此更重要的是找到愿意合作的供应商。

同样是大企业采购，如果企业的定位不同，需要的能力也可能有很大的差异。定位高端的企业往往更需要采购有战略意识，对所负责的产品的工艺、质量有很深的认识，懂得引入能够实现企业战略的优质供应商资源。而定位低端的企业则需要采购有很强的议价能力，对战略的理解能力要求相对比较低。

岗位、经历都是浮在表面的东西，以这些表面的东西作为判断的标准，就很容易产生误判。对于管理人员来说，要能够找出更本质的决定员工工作成败的因素，并依据这些因素选择人员才能保障更高的成功率。人员选拔五步法的具体做法如图4－1所示：

图4－1　人员选拔五步法

第一步是岗位设置。要想招聘到合适的员工，首先要搞清楚到底有没有必要设置该岗位。招聘不是为了把人才留在公司，而是为了找到合适的人来实现公司的目标。所以，岗位设置应当是根据公司的发展目标确定的。比如案例中的李总，他面临的问题是急需能够制定公司销售战略、提升销售团队业绩、必要时能亲自上阵搞定关键客户的人才。为了实现这个目的才设置销售总监的职位，而不是因为销售部门没有总监才去设置这个岗位。岗位的设置必须和公司的发展目标相关联。没有搞清楚发展目标就盲目设置岗位很容易导致人浮于事，浪费企业资源。

第二步是明确岗位职责。岗位是根据发展目标设定的，岗位的职责理所当然要和实现发展目标所需要的能力关联。比如案例中公司层面的发展目标是确定新的销售战略、提升销售工作成效、拓展关键客户。对于销售总监这个岗位来说，其职责就是制定采购战略，通过日常管理落实销售战略；培训销售团队，提升单兵销售能力。岗位职责描述得越具体越好。太抽象的职责将不利于后续对岗位胜任能力作评价。比如，提升销售业绩，这种描述就很难帮助管理人员搞清楚到底需要什么能力才能履行这些职责。如果是负责制定销售战略规划、培训销售团队，这种职责描述就比较容易确定所需要的胜任能力。为了下一步更准确地得出胜任能力模型，管理人员需要尽可能具体、清晰地描述岗位职责。

第三步是得到胜任能力模型。根据岗位职责一一找出履行这些职责所需要的能力。把履行这些职责所需要的全部能力都列出来，得到对应岗位的胜任能力模型。这个模型不仅需要清晰描述所需要的能力，还需要说明需要能力的标准。比如对于李总需要招聘的销售总监岗位，可能需要对本行业有深刻理解，能够根据企业的实际情况制定出合适的销售策略。而对于一个成熟的公司来说，也有可能只需要能够按照公司既定战略推动工作。岗位需求不同，胜任能力模型就会产生差异，衡量候选人的标准就不同，选到的人可能也不同。

这个胜任能力模型能够帮助管理人员对岗位候选人应当具备的能力产生较为全面的认识，避免疏忽了某些关键能力而产生误判。同时也有助于建立结构化的面试，让管理人员按部就班地逐项面试，根据面试结果确定候选人的符合程度。

第四步，设计面试问题。得到胜任能力模型之后，管理人员需要根据这些能力设计对应的问题，这些问题需要能够帮助管理人员鉴别符合的应聘者和不符合的应聘者之间的差异。现在很多应聘者为了得到好的职位，往往会虚构工作经历。背景调查能够解决虚构工作经历的问题，但对于求职者的工作能力还是很难有准确的了解。合适的面试问题需要具备对应的能力才能做出合适的回答，可以帮助面试官更准确地鉴别候选人的能力。设计合适的面试问题是一个挑战，问题太浅显，不合格的候选人也能做出妥善的回答；问题太深，会错过合格的候选人。他们必须很清楚具备对应能力和不具备对应能力的人的差异，才能设计出合适的问题。要做到这一点往往需要对岗位职责有全面清晰的了解，熟知其中的工作难点以及造成工作困难的根源。

第五步，面试甄别。根据应聘者的回答和行为推测应聘者是否具备胜任能力，是否适合对应岗位。管理人员需要根据求职者回答问题的速度、神情做出初步的判断，还需要结合所有问题的回答进行评估求职者的匹配程度。

通常情况下，没有一个求职者完全符合所有条件，管理人员需要评估哪方面不符合，评估这些要求的重要性，对于次要的要求可以舍弃。还要评估不符合的项目是否可以通过短期培养达到标准，在招聘入职之后进行培训使候选人完全胜任岗位也是可以考虑的选项。在中小企业，由于对求职者的吸引力有限，管理人员更需要懂得有所取舍，这样才能提升自己招聘到合适员工的概率。

2. 用人成本模型

案例

李老板是一家民企老板，他坚持的选人标准是忠诚。他特别重视那些跟随自己多年的老臣子，关键岗位上的人都是跟随他超过五年的老员工。他很信奉牛根生所提出的“有德有才破格重用，有德无才培养使用，无德有才限制使用，无德无才坚决不用”的观点，认为能力不足可以通过学习改进，但品德不好就很难改变。所以，他宁可多花时间培养能力不足的员工，也不肯用那些他认为缺乏忠诚度的员工。目前公司的各个部门负责人都是他认为忠诚的员工，为了弥补这些人的能力缺陷，他又在下面任用一些有能力的人来辅助这些核心管理人员。

公司开办了几年，却一直无法做大。那些部门的负责人倒是很忠诚，但能力还是有所欠缺。李总也试图从那些有能力的人中间发掘出一些人才，但有能力的往往都不够忠诚，做不了多久就另觅高枝了，留下来的往往又比较平庸，无法起到提升管理水平的作用，最终整个团队还是老样子。李总感到很困惑，为什么德才兼备的人那么难找呢?

分析

牛根生的德胜于才的选人观代表了很多管理人员的选人观。很多管理人员都认为才胜于德的人很危险，很容易把他们的才干用到歧途，给企业带来重大损失。所以，在两者不可兼得的时候，他们往往更重视德而非才。

不少管理人员都比较倾向于案例中李总用有德的人管理，用有才的人做事的做法。他们认为这样既可以发挥有德之人让人放心的优点，也能充分发挥有才之人的能力，让他们为企业创造更多的价值。

这种想法看起来非常有道理，但有些致命的问题不容忽视。如果用有德无才的人进行管理，很容易导致的一个问题就是外行领导内行。这是管理的大忌。每个人都有自己的观念，外行上司领导内行下属，不可能事事听从内行下属。事实上大多数人都会觉得自己正确，而通常情况下往往专家才更清楚问题的关键，才更清楚何为正确的做法。在外行上司领导内行下属的局面下，往往会以内行下属服从外行上司为结局，最终做出不专业的决定。这种结局当然不是管理人员所期望看到的结果，但这是最可能出现的结局。

其次，每个人都会根据自己的工作经验、能力对自己的收入和职位产生一定的预期。如果企业人为地降低人才的职位，薪水又如何安排？如果薪水也随着职位降低，有能力的人是否能够接受这种薪水？他们很可能会不接受这种薪水而跳槽，李总公司请来的辅佐管理人员的人才流失率很高可能就是由这个原因造成的。这种高流失率有时候反而印证了管理人员的想法，即这个人不够忠诚，不能重用。他们会庆幸当初自己没有对跳槽者委以重任，强化了才胜于德的人确实不能重用的观念。这是典型的皮革马力翁效应。人才的离开很可能就是他们不公平的管理所造成的。

即便管理人员退一步，给才胜于德的人与其能力相匹配的薪水，仍然存在麻烦，该如何确定其薪水？低于下属似乎不合适，如果高薪水，该如何控制公司的成本？在中小企业，很难承受这种用人的高成本。

案例中的李总给真正做事的人才的职位较低，薪酬又不理想，公司又是一个小企业，在这种条件下，他很难招聘到真正有才的人推动企业进步。虽然他现有的管理团队在他看来很忠诚，但因为缺乏能力也无法推动企业进步，最终导致企业发展停滞。

要找出解决这个问题的方法，管理人员还是应该从岗位胜任能力模型入手。我们可以把品德看作一种特殊的胜任能力，这样模型仍然有效。放入胜任能力模型之后有利于管理人员更全面地考察候选人，而不是因为道德问题而一票否决。管理人员需要摆脱抽象的辩论，回归到实际问题，即这个岗位到底最低需要什么层次的道德水平才能避免工作人员缺乏道德而给公司带来损失。

事实上，从人性自利的角度出发，如果员工觉得这份工作还不错，他们通常不会故意损害公司。因为他们的工作源于公司，损害公司也就是损害自己的工作。对于多数工作岗位来说，只需要员工具备一般的道德水平，基本上不会故意损害公司的利益。如果管理人员对于道德的要求只是一般性的，大多数人都能够做到，基本上有才干的人就能够达到岗位的道德水平要求，这个时候就不存在德与才难以兼顾的矛盾。

如果管理人员认为大部分员工都有动机损害公司利益，那管理人员就需要反思出现这种情况的原因。

对于少数掌握了较多公司机密和核心资源的岗位，可能会受到竞争对手或者供应商的引诱。这种岗位确实需要更高的道德水平。一些企业对于少数核心的岗位往往喜欢安排自己信得过的人，这是合理的做法。但是管理人员不应该无限扩大潜在的风险，对高级岗位都提出过高的道德要求。道德要求越高，合乎要求的人就越少，越不容易找到合适的候选人。

单纯强调道德的重要性会大大增加人才被错过的概率，导致录用太多能力上无法胜任职位的工作人员，最终对企业运营绩效产生负面的影响。我们用图 4－2 来说明这个问题。

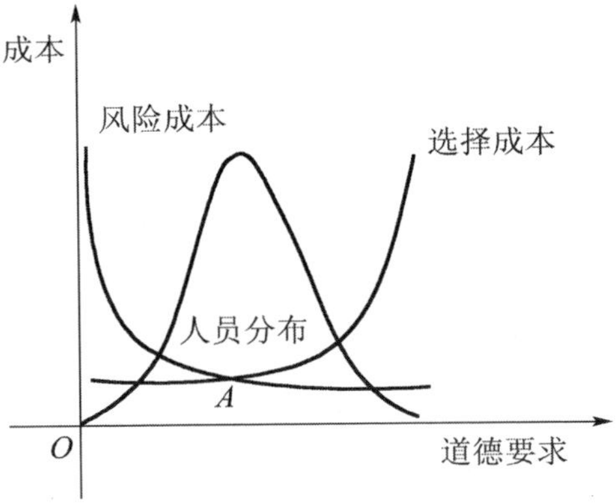

图 4－2　道德要求－成本关系曲线

图 4－2 中横轴是道德要求，纵轴是成本。两条抛物线一条代表风险成本，企业如果对员工的道德没有要求，容易招聘员工，但是企业运行风险很高。道德要求越高，企业所面临的风险成本越低。而选择成本刚好相反，道德要求越低，越容易招聘，选择成本越低；道德要求越高，选择成本越高，最终导致找不到合

适的人员。这两条曲线符合我们对于这两者成本的经验。从图中我们可以看出，道德水平要求过低和过高都会导致总成本过高。真正合理的选择是综合两者成本的最低点，也就是图中的 A 点。同时我们可以发现，A 点附近的两条成本曲线都较为平缓，这意味着 A 点附近的总成本和最低成本不会有很大提升。

图中的钟形曲线是人员的道德水平分布图。根据统计规律我们知道，真正道德水平很高的人和道德水平很低的人都是少数。能够达到或者超过 A 点道德要求的人非常多，这意味着能够用较低的成本找到企业合适的人才。实际上多数岗位都不会对人的道德素质有特别高的要求，企业只需要避免招聘到道德水平过低的人。由于很多人都可以达到这个道德水平，对道德的要求就不会导致企业成本有过高的上涨。

当然，某些特定的岗位可能确实需要较高的道德要求。在这种情况下，人员选择成本会上升。但是这种岗位如果较少，企业是可以通过提升待遇来实现岗位的人员补充的。因为岗位较少，提升待遇不会导致企业整体成本上升过多。

所以，企业老板不应该盲目追求下属所谓的高道德素质，而是要根据岗位的工作性质提出合理的需求，控制企业的总运营成本。真正合理的选人策略不是道德越高越好，而是满足岗位需求就行。在满足岗位道德水平要求之后，企业更应该重视员工的才能，要想在竞争中获胜，还是需要才能来为客户创造更多价值。

3. 情景面试法

面试是令很多管理者都感到头疼的问题，对于他们来说，面试几乎和买彩票差不多，好坏全凭运气。不少管理者都喜欢饭桌识人、麻将识人的神奇手段，事实上单凭这些技巧招聘的准确率往往很低，只能作为一些面试的辅助手段而已。

要想提升面试的准确率，首先还是应该搞清楚自己需要实现什么目标，实现这些目标需要完成什么任务，完成这些任务需要什么技能。只有清楚地知道自己需要的人选的特点，才有可能找出合适的候选人。

面试过程就是通过问答等测试手段确认求职者是否具备上述特点的过程。面试官应当根据岗位要求的人选特点设计问题，这些问题要能区分合格的候选人和不合格的候选人，帮助面试官从他们回答的差异中鉴别出二者。这个过程有点类似打怪游戏，各种面试问题就类似于对应的游戏场景，求职者的回答就类似于游戏中的动作，做出正确的回答就能得分、过关，做出错误的回答则会失分、出局。

对于面试官来说，面试之前的测试问题准备很关键。测试手段合理，鉴别的准确率就高。面试过程就是按照既定的测试套路，结合一些实际情况测试求职者特征的过程。情景面试法就是通过了解求职者在特定环境下的行为特征，对求职者的能力进行评估的面试方法。

下面通过一个面试案例来说明这种面试技巧。

案例

面试官：我注意到你在学校就积极参加了一些勤工俭学的活动，我对此很感兴趣。能说说你都具体做了些什么吗？

应聘者：我曾经在一个快消品公司做促销，在那里，我学到了一些促销的技巧，以及和别人沟通的技巧。

面试官：能举个例子告诉我你所学到的沟通技巧吗？

应聘者：我们做促销，经常容易发生一些摩擦。以前的促销员甚至和竞争对手的促销人员发生了严重冲突。而我会在有空的时候找机会和竞争对手聊天，请他们吃些零食。大家关系好了，就不容易起冲突了。我想这是我的沟通能力帮助了我。

面试官：你刚才说不容易起冲突，我是否可以理解为仍然还是有冲突发生呢？

应聘者：是的，确实是这样，有些时候我们也会因为促销地盘发生一些冲突。

面试官：你能详细地介绍一下你是怎么处理这种纠纷的吗？

应聘者：一般来说对方的促销人员和我一样都是做兼职的大学生，大学生一般比较讲道理。我平时和他们关系不错，比如帮对方搬东西，码放货物什么的，有时还请他们吃饭。所以一般问题都能解决。

面试官：如果对方是社会人员呢？

应聘者：我觉得还是要先搞好关系，关系好了，很多事情都好说了。而且我一般会和他们讲道理，告诉他们按照规定，他们的地盘在哪儿，我们的地盘在哪儿。平心静气地沟通，对方一般都能够接受的。不过我也理解他们，有时候要多占地盘是领导的意思。这个时候我也不会为难他们，我就等他们领导走了，再要求他们把多占的地盘还给我。对方一般都是同意的。

面试官：可万一对方就是不同意呢？

应聘者：这也不难，我们的地盘都是超市的管理人员规定的，我找超市的管理人员就好了，他们会来协调解决。

面试官：可如果超市的管理人员偏袒对方呢？

应聘者：这样我也没办法了，我会考虑向我的领导汇报，听他说该怎么办。

这是一个售后服务岗位的面试过程。首先面试官要清楚售后服务需要完成什么工作任务。这个客服岗位需要沟通了解客户的问题，并协调内部相关部门解决客户问题。要想胜任这个工作最需要的能力和特点一般是耐心、抗压能力和沟通技巧、人际关系技巧。所以，面试的问题设置也应该围绕这几个核心问题展开。

从案例中我们可以看到，面试官是在对方简单的自我介绍之后以勤工俭学作为切入点。从后面面试的进程来看，这个切入点选得非常好，能够快速获取大量有价值的信息。

耐心、抗压能力和沟通能力、人际关系能力都很难从学校的学习成绩看出来，更多的是看求职者如何实际处理社会问题，进而判断对方是否具备对应能力。所以，对于一个即将踏入社会的毕业生来说，了解他勤工俭学的经历比了解他的学习成绩更有意义。

不少缺乏经验的面试官往往在听到求职者说自己学到了一些沟通技巧之后就感到满意，以此判定求职者的得分。但实际上，缺乏沟通能力的人往往也会这么说，他们不一定是出于欺骗，可能只是高估自己。仅凭这句话就判定求职者是否具备合格的沟通能力为时过早。所以，还需要进一步通过问题确认求职者是否真正具备这种问题。为了确认这一点，面试官需要更进一步让候选人具体介绍自己学习到的沟通技巧。

当求职者通过具体的故事说明自己的沟通方法之后，管理人员对求职者的沟通能力就有了更清晰的认识，可以做出更准确的判断。对于重要的能力，面试官一定不要浅尝辄止，满足于表面的回答，需要尽量深入挖掘，提升答案的可靠性。

所以，面试官通过不断提升问题的难度，要求对方回答如何应对更复杂的沟通对象、更尖锐的冲突，判断候选人的真实水准，而能够妥善回答这些问题的候选人往往确实具备了岗位所需要的沟通能力和人际关系技巧。

从案例中我们可以看到，面试刚开始时，只能对这个求职者的沟通能力有一个很抽象的概念，随着提问越来越具体、越来越深入，我们发现有一位候选人善于平时经营好关系、不怕吃小亏、乐于助人、具有换位思考能力，并且善于利用规则回避冲突。此外，他对问题有出色的判断能力，能够鉴别到底什么级别的问题是自己可以处理的问题。发现自己无法解决之后，他也懂得寻求上司的帮助。至此，可以确信这位候选人的沟通能力、人际关系技巧符合岗位需求。

对于有人提出的缺乏胜任能力模型四项关键能力中耐心和抗压能力的问题，如果仔细分析求职者的回答，我们一样能够找到他有耐心的证据。他在面对竞争对手促销员的不合理行为的时候仍然能够平心静气地沟通，并且引述商场的规定指出对方的不当之处，这就是很好的证明。缺乏耐心的人往往容易被对方不讲道理的行为激怒，而有耐心的人才能控制自己的情绪并且用合适的手段沟通。

至于抗压能力，其实从面试过程可以看出来。面试官不断用更极端的问题“刁难”候选人，这位候选人并没有表现出反感的情绪，反而能够跟随面试官的思路不断深入思考，寻找更好的解决方案，这就是有抗压能力的最好证明。相信这样的员工也能妥善地应对客服工作中强大的压力。

综合以上的面试过程，我们可以得到以下几个结论：

（1）围绕核心能力设计问题。求职者需要具备很多项能力，但真正能够区分合格乃至优秀候选人和其他不合格候选人的往往都是少数几项关键能力。所以，应该尽可能围绕关键能力设计问题，测试出求职者的关键能力，提升面试的成功率。对于这个案例，如果面试官耗费大量时间去了解求职者的大学课程与学习成绩，就容易浪费宝贵的面试时间，最终导致没有足够的时间了解关键能力水平而造成误判。如果延长面试时间，也会影响面试效率，加大面试成本，或者导致后续的面试人时间不够而草草结束面试。

（2）提出深度问题。现在网络发达，很多人都会通过网络来了解公司和应聘岗位，并且会预先做好准备应对常见的问题。如果问题太空泛，候选人就容易通过预先准备的答案应对；如果问题太浅或者太深，又很难鉴别庸才和人才。所以，必须提出能够让不同档次的人才做出差异回答的问题。对于较高的职位来说，要想区分人才和“老江湖”，针对他们提出合适的问题就更需要深刻。“岁寒，然后知松柏之后凋也。”

（3）重点了解对方的思路、行为、习惯。面试官要透过表面现象看出求职者的本质，要把握一个原则，表象往往是虚幻的。成绩可以虚构，也可以因人成事。要想知道对方是否具备对应的能力，看成绩不如看思路。此外，知易行难，对于一些事情，看思路不如看关键行为。一次做到容易，长期做到难，所以了解行为不如了解对方的习惯。习惯很难改变，一经养成，往往伴随终身。对于面试官来说，面试的关键就在于不断寻找更可靠的证据帮助自己作出更可靠的判断。

4. 用人所长的技巧

案例

前任的供应链总监离职之后，李总提拔了一位研发人员田工担任供应链总监，他认为田工熟悉技术和产品，自己和他在产品问题上的沟通一定会更加顺畅。前任供应链总监缺乏技术背景，和他沟通产品问题总是有些磕磕绊绊。前任总监的离职，刚好给了李总一个顺势解决这个问题的机会。李总认为田工跟了自己多年，工作积极，彼此熟悉，沟通没有任何障碍，相信两个人在新的领域也一定能够合作愉快。

可让李总始料未及的是，田总很快就陷入了泥潭。虽然他很积极地跟催订单的交付，敦促大家积极工作，可订单交付水平还是出现了明显的倒退，就连产品质量都有明显的下滑。销售部对此抱怨很大。

供应链的下属对田总的工作也多有抱怨，认为田总什么都不懂，还什么都管。真正需要田总去协调的事情他又没有做。此外，田总经常无条件答应销售、研发等部门的紧急要求，导致各种紧急响应工作特别多。田总认为一切都应该围绕业绩转，其他部门有需求供应链就应该支持，不能死抠流程，要灵活响应。大量的异常工作要求都超出流程规定的要求，导致供应链工作压力大增，工作绩效却并不好，大大降低了供应链员工的工作士气。

李总认为用人应该用人所长，他正是看中了田工工作积极，配合度高，熟悉产品的优点。可为什么田工的工作情况并不理想呢？

分析

这个案例中的李总按照用人所长的原则使用人才，希望用田工懂技术、熟悉产品的优点来解决前任总监产品问题沟通不顺畅的问题。这个思路看起来没有错，但是李总忽视了一个关键问题，即供应链总监的核心职责到底是什么。

如果供应链总监的核心职责是和总经理沟通，李总的做法没有错误。因为自己只需要和供应链总监——田工沟通顺畅，不用太在意他的其他工作做得是否尽善尽美。这种用人思路才是用人所长。用人所长的关键在于员工的所长恰好就是岗位所需要的核心能力。这样管理人员就能够解决岗位的核心问题，没有必要苛求其他。

但在本案例中，田工擅长的并不是供应链总监这个职位最核心的能力。他缺乏保持供应链的高效运作的能力。所以，即便李总和他在产品问题的沟通上很顺畅，但供应链运作不畅，田工也不是一个合格的供应链总监。

这个案例中，李总选人之所以出现严重错误，还是因为李总对供应链总监工作缺乏全面的认识，过多地依赖自己的感性认知处理问题。前任总监对于交付等管理做得不错，问题比较少，反而导致李总对这些工作的重要性没有感觉。就像人离开了空气就无法生存，但几乎没有人会考虑空气的重要性。所以，合适的做法是按照已经验证合理的程序去做，经过验证的程序在一定程度上可以帮助我们预防感觉偏差。

因此，李总在选择供应链总监人选的时候，应该尽量依据对应的岗位职责和胜任能力模型进行面试和招聘。根据胜任能力模型选人，就能在一定程度上防止这种因为个人偏好产生的错误，可以逐一核对候选人的特点和胜任岗位所需要的能力，考察候选人的特长是否和胜任能力模型的关键能力高度吻合。合理的流程和工具能够帮助管理人员规避很多问题，尤其是在管理人员并非对应领域的专家的时候。

管理人员常犯的另一个错误就是对下属求全责备。人的行为往往都是问题导向的，看到问题会忍不住责备当事人。这种责备在一定程度上会损害管理人员和下属的关系。虽然有人会说：爱之深，责之切。但即便是亲如家人，太多的责备也会损害彼此的关系，更何况是因为工作而聚集到一起的同事呢？要想减少责备，关键还是下属要基本能够搞定工作，少出问题，这样才能在一定程度上减少责备。如果下属工作漏洞百出，作为上司不断要去帮忙收拾烂摊子，想不抱怨也难。

其次，管理人员需要明白的一个原则是“人无完人”。对于一个岗位来说，很难有完全适合的人选。如果要求员工必须完美地做好这个岗位各项工作，那就会面临难以招聘人员的困境。越是工作内容复杂的岗位，这种潜在的招聘困境就越明显。人并不是为工作而生，很难让人像流水线的产品一样，完全按照需求设计制造出来。所以，管理人员不应该过于严苛地要求员工。

管理人员应该为每个岗位找到合适的人员，确保岗位职责得到合适的履行。管理人员应该根据岗位职责的要求在候选人当中选择相对较为合适的人选。一旦做出了选择，管理人员也就要接受这种选择带来的副作用，有些事情的处理可能不会让自己非常满意。但只要能够实现主要的目标，就没有必要苛求。关注重点，不苛求其他，才是用人所长。

有完美倾向的管理人员可能会认为，总会找到完全适合岗位要求的人选。首先不讨论是否真有这样的人选，这种人选的比例很低，寻找这个合适人选的时间会很长，选人的成本也会非常高。选人的成本如果超出了很多小事都做得尽善尽美所带来的收益，这种选人思路就没有实际意义。

即便找到了完全符合岗位要求的人选，他们也未必愿意做这份工作。人往往都有自我发展的需求，自我发展意味着人往往喜欢挑战自己的能力极限，如果他完全满足了岗位的要求，这可能意味着他的能力已经超出了这份工作的要求。这种情况下，如何说服这位员工接受这份工作、如何让他稳定都会成为问题。这会带来一系列的管理问题，也很容易导致管理成本上升。

意识到难以找到完全合适的人，管理人员会更深刻体会用人所长的真正含义。如果这个人的优点和工作的关键能力要求是吻合的，关键工作做得不错，就没有必要对一些小的问题求全责备，这样才能维护双方的合作关系。因为关键的工作都能很好地完成，工作绩效就不会很差，管理人员完全没有必要为了一个瑕疵扔掉整块美玉。

对于员工所不擅长的部分工作，如果价值不高，员工处理所带来的损失不大，管理人员完全可以听之任之。如果是偶发性的工作，但是价值非常高，也可以找人协助员工解决。因为是偶发性的，协助一次不会产生太多成本，也还是可以接受的结果。

如果工作比较重要，发生的频率较高，这种时候管理人员就要考虑是否要把对应的工作职责和能力需求放进核心需求，或者把这部分工作分离出去，交给其他岗位或者员工完成。比如，销售人员不擅长写文字报告以及跟单等琐碎事务，但这种工作有一定重要性，发生频率又很高，这时公司完全可以考虑安排单独成立商务部帮助销售人员处理此类事务。不能认为和客户相关的工作都属于销售工作的一部分而强行要求销售完成。管理最重要的目标还是绩效。

剥离部分工作的难点在于有些工作很难从对应岗位剥离。比如，对下属进行评估的职责就很难从管理岗位中剥离。一旦剥离，很可能导致管理人员缺乏对下属的约束能力而导致部门失控。而且评估工作如果脱离了管理目标也容易失去评估的意义，执行起来也更耗费时间。

在这种情况下，为对应管理人员提供一定的协助往往是必要的。比如，找一个助理帮助管理人员整理绩效信息，方便管理人员对下属的工作情况作出评估。辅助的好处在于让工作人员可以得到适当的帮助完成工作，同时还能保障他们对于工作完整的掌控。

这样做看似会增加成本，但很多时候可以通过增加其他工作量的方法来弥补。比如把销售的跟单、报销等工作剥离出去之后，可以要求销售人员做出更多的业绩来补偿单独设置跟单人员的成本支出。如果找到完全适合的工作人员成本过高（缺乏完全适合的工作人员，或者对方要价太高），也可以采取类似的方法。

从这个角度来看，管理人员没有必要对下属求全责备，而是应当关注他们实际产生的价值。如果员工已经产生了很高的价值，又没有其他更合适的候选人，完全可以采取剥离工作或者提供辅助支持等手段来解决问题。

合理地分配岗位职责也是提升员工岗位匹配度的重要手段。管理人员不应当总是期望员工能够完全适应岗位的各种要求，而是应该合理分配岗位职责，尽量把内容相近的工作、难度相似的工作分配到同样岗位，降低每个岗位的能力要求，从而降低员工和岗位匹配的难度。

5. 用人原则：兼顾员工和团队

案例

江总接手了工厂之后，发现维修部的工程师杨工对工作不太上心，得过且过。他了解到杨工的技术不错，一直希望将他调到研发部门去做测试工作。但工厂只有杨工一个维修工程师。前任的总监每次都是安抚杨工，承诺以后有多余的员工就会把他调去研发部。但工厂规模有限，只有一个维修工程师岗位，杨工也根本没办法带新人，所以也一直走不了。时间久了，杨工的工作积极性越来越低。但是前任的总监认为，如果让杨工去搞研发，以后每个维修工程师都会效仿杨工，这个岗位就会很不稳定。所以，他认为坚决不能开这个先例。

江总跟杨工谈了一下，了解了杨工的职业规划之后，告诉杨工去研发部的事情，他会联系协调，尽量给他提供方便。如果面试通过，还希望杨工帮工厂做好交接工作。江总向研发部了解了一下，那边确实也需要测试工程师。于是，江总向研发部推荐了杨工。研发部面试了杨工之后认为杨工还不错，面试通过。最终双方商定，杨工配合江总完成工厂的工作交接之后就到研发部报到。考虑到交接周期可能比较长，研发部也提出一些学习的计划给杨工，希望他在这段时间按学习计划自学。

收到研发部的通知之后，杨工的工作态度出现了明显的变化，变得积极多了，甚至主动找江总了解培训新员工的问题。江总让杨工先准备培训新员工的资料，并承诺自己会在研发部给定的日期之前完成招聘和工作交接，不影响杨工的调岗。最终江总通过内部选拔从内部技工里面挑选了一个人跟随杨工学习。三个月后，杨工顺利调到研发部担任测试工程师。

分析

管理人员希望专业人做专业事，希望那些已经证明自己能胜任岗位的员工专心做好自己岗位的工作，减少流动，这样能够尽量降低潜在的用人风险。对于管理人员来说，人员稳定还可以省去自己不必要的工作量，如果人员不稳定，管理人员不仅需要承担新人可能不胜任工作的风险，还需要引导新员工逐步熟悉、掌握自己的工作。

让很多管理人员头疼的是那些已经证明自己能力的员工往往并不情愿一直待在一个岗位，往往想去其他对他们更有吸引力的岗位。根据马斯洛的需求层次理论我们知道，人往往在低层次的需求得到满足之后就会追求更高层次的需求，这是人的天性，谁也无法改变。管理人员所能够做的只有适应人性，而非强行扭转人性。如果被员工发现管理人员是阻碍自己实现目标的最大障碍，管理人员就很难对员工进行有效管理。与其强留一个心思不在岗位的员工，不如另寻其他合适的员工。一般情况下，一个待遇合理的岗位应该能够找到合适的候选人。正如案例中江总送走了杨工之后，马上就找到了替代的人选。新的人选在技术上可能有所不足，但是心态上会积极一些。对于少数技术难点工作可以通过请人帮忙来解决，这样起码可以解决很多日常问题。所以，换人有助于江总加强管理。此外，江总向研发部输送了一名员工，既解决了研发部的问题，同时还赢得了杨工的感激，以后更容易得到他们的协助和支持，使工作更容易开展。

从更长远的角度来看，江总这样做还可以让跟随自己的员工看到希望。下属会一致认为江总是一位乐意帮助下属成功的领导。这种形象的建立胜过千言万语的沟通。很多管理人员总是抱怨下属不够积极。这些员工很可能和案例中的杨工一样，他们看不到积极工作给自己带来的好处。太积极的员工反而容易被领导固定在他们不喜欢的岗位上，更加没有发展的机会。这种团队利益和个人利益背离的情况导致管理人员最终失去员工的支持，员工的工作积极性也随之下降。

有的管理人员可能仍有顾虑，认为员工当前的岗位很重要，员工想去新的岗位纯粹是为了更好的薪酬。但对于公司来说，员工继续留在本职工作能够为公司创造更高的价值，基于这种考虑，管理人员不希望员工调岗，更不希望该岗位其他员工看到这种情况后群起效仿。

但如果这个岗位能够为公司创造更高的价值，为什么薪酬反而更低？这是管理人员需要认真考虑的问题。原则上应该多劳多得，为公司创造了更多的价值的岗位理应获得更多。不能因为薪酬体系的混乱而用强制手段限制员工的发展。这是用一个错误掩盖另一个错误，不是正确解决问题的思路。正确的做法应该是调整对应岗位不合理的薪水，而不是压制在薪水偏低岗位上的员工继续工作。违背人性的努力注定都是徒劳的。

当然，对于流出部门来说，人员流动就需要招聘新员工，并要对新员工进行培训，在一定程度上导致部门管理人员的工作量上升，这可能是导致人员输出部门反感员工内部流动的一个重要原因。

如果是适当的内部流动，输出部门负责人不应该有太多的抱怨，因为一定比例的流动是正常情况，可以保持团队活力，为未来储备人才。在这种情况下，需要上一级的管理人员做输出部门负责人的思想工作，帮助他认识到合理流动的必要性。

如果流动的比例太高，管理人员首先应该反思流出岗位是否存在薪酬不合理的情况，如果存在这种情况，应当合理调整薪酬待遇来平衡。如果公司发展快、机会多，导致很多员工希望提升自己而向更高级岗位流动，公司就应该考虑从制度层面做一些补偿来平衡公司利益和输出部门的利益。比如公司可以考虑设立奖励基金，对输出部门进行一定的奖励。有了合适的奖励，输出部门负责人也许不会抵触员工的内部调动。这种流转就会从制度层面得到更多的保障。

管理人员不能为一己之私，懒政不作为，强制有能力的员工留在他们不喜欢的岗位。管理的目标是创造绩效，而不是方便管理人员自己。一旦管理的措施都是为了管理人员自己的方便，这个团队就会失去活力，最终走向衰落。所以，从公司高层到以下各级管理层都必须对这种思想倾向保持高度警惕，一经发现就必须立即纠正，而不能任由这种思想成为企业的风气。

作为更高层级的管理人员必须考虑当下管理制度本身的合理性。下层的管理人员和员工的合理利益应该得到保障。员工有寻找更合适工作的权利，而输出部门的管理人员为输出人才所做的奉献也应该有合理的回报。不能只看到公司的利益而罔顾他人的合理权益，否则单赢的局面最终无法持久。所以管理人员要懂得调整制度，通过合理奖惩来保障为公司创造价值的员工得到合理的回报。

具体操作的层面需要考虑到实际情况。需要让员工也合理考虑团队的利益。不能为了满足员工换岗的需要而损害团队的合理利益。案例中江总要求杨工必须帮助工厂培训新的维修工程师，而且交接时间长达三个月，这种做法做到了确保团队的合理利益。

因此，管理人员碰到涉及多方利益的问题时不能片面考虑某个方面的需求，必须理解各方面的合理利益，要懂得协商，尽量兼顾各方利益。多赢才是稳定的局面。

6. 分配难点工作的思路和方法

案例

M公司研发总监李总最近接到了一个异常艰巨的新产品开发任务：在三

个月内完成公司大客户 A 公司的产品开发任务。由于公司介入比较晚，销售部门勉强说服 A 公司给予 M 公司这个参与的机会，所以项目时间非常紧迫。而且 A 公司技术要求也很高，M 公司是第一次和 A 公司合作，对 A 公司的一些偏好并不清楚，需要磨合。这是一个非常棘手的项目。

谁来负责这个项目的开发就成了一个让李总头疼的问题。李总首先想到三个高级项目经理：张经理是公司的老员工，做事四平八稳，和自己的沟通也很顺畅，自己也很喜欢张经理的稳重；常经理来公司三年了，技术过硬，可这个人有点刺头，总是喜欢提出一些让人意想不到的问题，有时候让人感到头疼，李总觉得他还需要磨炼；高经理刚刚到公司一年，工作很积极，态度也很好，但他经验还有所缺乏，技术上还需要提高。

李总很希望让张经理来负责这个项目，但是又有点担心 A 公司的这个项目技术要求非常高，时间又紧迫，如果张经理失败了，对他以后提升副总监会产生一定的负面作用。如果用高经理，又担心他刚到公司，担不起这个重任。用常经理的话，李总又担心如果常经理把这个项目做成了，对以后提拔张经理产生的阻力肯定不小，因为常经理肯定会跳出来反对。张经理在公司工作多年，勤勤恳恳，也一向服从部门的工作安排，按道理应该给他升职。到底该怎么办呢？

分析

李总一方面期望各项工作都能顺利完成，实现自己的工作业绩目标，另一方面也希望能照顾自己喜欢的心腹重臣，尽量提拔他们。一般情况下企业一旦出现了案例中的这种硬骨头工作的时候，利弊纠结在一起，让管理者很难做出决定。

有些管理人员像案例中的李总一样不希望好员工意外受挫，影响他们的晋升提拔。毕竟应对棘手的工作失败的风险很大，一旦失败就有可能影响到这些下属在公司领导心目中的形象，进而影响他们的发展前途。所以，很多时候，他们舍不得让自己的得力干将冒险。

还有的管理人员担心让心腹下属处理棘手问题会让他们认为领导在给他们穿小鞋，领导已失去对他们的信任，进而失去这些心腹人员的支持。

但如果让外围的下属去处理棘手问题，要说服这些下属接受工作往往比较困难。一方面这些下属往往对自己缺乏忠诚度，未必肯为自己冲锋陷阵。另一方面，万一这些下属成功了，有可能会打乱自己的人员部署。如果不提拔他们，会让他们心生怨气，引起上面领导的关注；如果提拔他们，又如何摆正他们和自己心腹的位置？

首先，作为一个管理人员，在做决定的时候应该更多考虑公司的利益。公司发展了，整个团队才能获得更多的发展机会，才有利润提升大家的福利待遇。基于此，李总考虑问题的出发点实际上已出现了偏差，最终结果是差之毫厘，谬以千里。

如果从胜任工作的角度去考虑问题，李总需要考虑的就只是谁的能力更符合这个项目的要求。李总可以分析这个项目的要求，得出项目所需要的关键能力，进而得出类似于岗位胜任能力的项目胜任能力。然后再根据自己对几个下属的了解，就可以大致判断出谁更符合项目的要求。

如果李总并不确定谁更适合，也可以采取类似面试的方式，让三个人分别谈谈自己对这个项目的理解，提出各自的实施方案和需要的资源。然后从他们的回答中判断他们三个人谁更适合负责这个项目。

一般来说，对于重要工作，领导在做出分配决定之前，让下属参与分配的决策比较合适。因为关键工作不仅需要很高的能力素质，往往还需要积极性，而让下属参与工作分配的决策一方面可以了解下属对于这个项目的胜任程度，另一方面也可以了解下属是否有勇敢直面棘手问题的精神。对于艰难的工作，斗志往往是决定项目成败的关键因素。

让下属参与决策还能有效防止出现“马后炮”和“红眼病”现象。很多艰难的工作，做成了之后往往都显得平淡无奇。这时，难免就有一些当初没被选上的员工会说风凉话，认为成功的人不过是因为领导关照而得到机会才成功。这种言论往往会严重损害团队的合作氛围，如果事后再去做思想工作，也很难说服下属。但如果在决策之前让员工参与进来，让他们提出自己的思路和方法，就很容易测试出员工的眼界和水平。让大家都有竞争的机会，那么落选的员工相对就比较容易接受结果。

类似上岗前竞聘的方式，一方面能够尽可能帮助大家找到更完善的解决方案，另一方面还能让下属意识到自己的不足。管理人员还可以借机观察员工的工作积极性。

回到这个案例当中，如果张经理是一个才堪大任的人，当李总征询他们对这个项目的意见的时候，他应该提出好的思路和方法，并且积极主动请缨。所谓“首战用我，用我必胜”，对于企业来说，需要骨干员工有这种不畏艰难、勇挑重担的精神。

如果张经理能够主动请缨，并且给出好的解决方案，李总也没有必要为这个项目的人选而感到头疼，更没必要担心把项目交给张经理而让他误会自己给他穿小鞋。如果张经理能够完成这个项目，达到客户的要求，就为自己的晋升添了一块重要的砝码。李总相当于间接帮助张经理的晋升铺平了道路，有助于加深彼此之间的信任关系。

退一步来说，即便张经理失败了，但只要在这个项目当中展示了出色的技术能力、管理水平和工作积极性，也仍然有可能给领导留下良好的印象。勇挑重担的人总是成长得更快，机会也会更多。

可能有很多类似李总的人担心最后评估的结果是其他人更适合这个项目。他们认为一旦出现这样的局面就很棘手。但对于管理人员来说，如此狭隘地看待问题是没有必要的。

管理人员应当具有专业精神，帮助公司选拔最合适的人才，创造更多的价值。案例中，如果常经理更适合这个项目，就应该让常经理获得这个机会，这是对公司负责，也是对自己的团队负责。如果张经理对于李总的选择感受到了竞争的压力，他自己应该更积极进取，努力在后续的工作当中争取更多的机会来展示自己的能力。如果团队人人奋勇争先，部门一定能够做出更好的业绩。反过来，如果骨干总是在关键时刻退缩，或者总是在关键工作上出问题，就说明这个员工还不足以担当大任，不应该作为骨干优先提拔。

让下属啃硬骨头会不会被下属误认为上级为难他们？为难下属和信任下属的区别在于最终完成任务是否有合理的回报，不在于把艰难的工作分配给了谁。优秀的员工不怕付出，怕的是付出没有回报。只有投机分子才怕付出，因为他们根本没有付出的能力。管理人员没有必要担心分配艰难任务给下属而失去他们的支持，但一定要给下属合理的回报和奖励。只有付出才有回报，下属才愿意勇挑重担。

一旦下属把重担看作卸不掉的包袱，管理马上就会陷入困境。重点工作往往都是重担，无法推进也就意味着部门没有业绩。所以管理人员必须让下属挑完重担有所回报。做到这一点需要管理人员善于向公司要求提供资源。从公司的角度来说，这些重担如果能够为公司带来巨大的利益，就不应该忽视那些勇挑重担的人。华为精神的重点在于不让奋斗者吃亏。学习华为精神首先就应该学习不让奋斗者吃亏的精神。所以，只要员工做出了成绩，公司应该给予合理的回报。

对于管理人员来说，要习惯让骨干挑重担，以此检阅他们的能力。管理人员还要善于为勇挑重担的人索求资源与回报，不让奋斗者吃亏。做到这两点，一定有人愿意出来啃硬骨头，也一定能够打造出一支有战斗力的铁军。

7. 让培训发挥作用的关键

案例

刘总的公司整天充满了各种争吵，员工互相告状，经常需要总经理刘总来协调相关部门的工作。这些协调工作搞得刘总筋疲力尽，他觉得公司缺乏团队协作精神。知道此事的朋友给他介绍了一个拓展培训公司，说这家培训公司的户外拓展训练很有特色，能够大大提升团队的协作精神。刘总决定让公司所有职员都参加拓展培训。

培训公司为员工安排了无敌风火轮、巨人梯、毕业墙等项目。刘总看到在公司中互相指责的员工到了活动现场都协调一致，积极配合，全力帮助所在团队争胜。身高体壮、动作敏捷的员工毫不抱怨地帮助相对较为瘦小的员工，而那些瘦小的员工也积极参与其中，尽可能发挥自己的能力帮助其他队员。最终在毕业墙项目，他们所用时间比预期的时间缩短了接近一半，成功地完成了拓展培训。成功完成拓展培训项目的时候，不少员工甚至流下了激动的眼泪。

活动结束后，很多员工都表达了对团队的感恩，意识到了团队精神的重要性。员工之间的亲密度迅速得到提升，很多过去在工作中吵得面红耳赤的员工甚至勾肩搭背地合影留念。

员工的这种表现让刘总感到异常欣慰，认为困扰他很久的团队问题终于要解决了。可刘总的满意并没有持续很长时间，过了一个多月之后，刘总发现拓展活动的效果正在逐步弱化，团队又开始逐渐回到过去互相指责、互不买账的情况。刘总感到很意外，员工不是都参加了拓展培训了吗？他们当初不是都意识到了团队协作的重要性了吗？为什么现在又变回了过去的样子？

分析

团队精神缺乏是困扰很多企业高管的问题。因此带来的公司内耗，内部各种阻碍更是让企业老板和高管们深恶痛绝。不少管理人员都采取了类似案例中刘总搞拓展培训的解决方法。

很多拓展培训效果也正如案例当中的刘总所组织的拓展培训效果一样，在活动现场，员工彼此团结，但回到公司后一切照旧。到底是什么原因，让拓展培训注入的团队精神无法在企业实际运营当中扎根呢？

很多管理人员和刘总一样，只看到了缺乏团队精神这张皮，没有看到缺乏团队精神的深层次根源。所以他们的解决方案也只能停留在表面，而无法深入，无法取得长期的效果。

员工彼此不配合、互相指责往往并不是因为他们喜欢和同事过不去，而是因为双方的利益存在冲突。在企业工作，很多人都有利益牵涉其中，升职加薪、未来的发展都和工作相关，不同的决定往往会对员工产生不同的影响。每个员工都努力争取自己的利益，那么他们就必然和其他妨碍他们利益实现的同事产生分歧和冲突。如果这种利益的分歧客观存在，员工之间的冲突就很难消失。例如，如果公司实行相对排名制度来决定员工的绩效奖金，同部门员工之间就很难互相帮助，因为帮助其他同事获得更好的绩效就意味着自己的绩效排名可能会下滑，最终导致自己的奖金减少。在这种情况下，他们更可能给对方设置障碍而不是帮助对方。由此而言，提升团队精神根本不是靠拓展训练所能够实现的。

拓展训练之所以能够激发大家的团队精神，那是因为拓展训练的规则要求参与者必须努力合作才能争胜。不同的规则，导致不同的行为结果。如果管理人员不关注工作中影响员工行为的规则，只关注行为本身就很难真正解决问题。因为导致员工行为分歧的不是行为本身，而是隐藏其后的影响员工利益的规则。

所以，要解决团队成员缺乏合作精神的问题，首先要搞清楚问题的根源是什么，如何从源头上解决问题发生的根源，这才是解决问题的关键。如果看到什么问题就从表面上解决，就和治理河流污染，只是不断净化污染的河水而不治理污染源头一样劳而无功。解决团队缺乏合作精神的思路也是一样，首先应该找到大家互相不配合的原因，找出妨碍团队精神的规章制度。如果规章制度是鼓励团队精神的，具备团队精神的员工更容易得到升职加薪，那么团队精神就不难培养了。

其他培训也存在相同的问题，一些企业热衷于培训，但他们往往连团队的问题根源都没搞清楚，只能根据表面的问题寻找一些看似对路的培训。结果也往往像刘总选择拓展培训一样，培训的时候热热闹闹，工作时毫无效果。

管理人员往往把绩效不佳的根源归咎于员工。而根据统计，绩效不佳的原因65%都是组织的问题，只有35%才是员工的个人问题。这种想当然的想法催生了大量的无效培训。并不一定是培训的质量不高，可能是因为当初的培训需求根本就不正确。

要想让培训取得效果，管理人员必须首先确定团队到底存在什么问题。对问题的分析不能停留在表面，要多问几个为什么，深入到问题根源。比如对于案例中员工缺乏团队精神的原因，要深入挖掘。员工缺乏团队精神，原因在于他们存在利益对立，而他们存在利益对立的原因在于公司的绩效制度是通过鼓励员工之间互相竞争而提升绩效的，不利于员工合作。

所以，要提升培训效果，管理人员首先必须要深入思考问题的根源，然后再寻找证据证实自己的判断。而不是想当然地认为自己的判断就一定是对的。在自己的判断得到了事实的验证之后，管理人员才能针对这个问题寻找培训等解决手段，这样做才能提升培训的有效性。

培训到底是否有效，最终还需要员工工作成果来证明。只有在工作中确实产生了价值，才能证明培训工作发挥了作用。有些管理人员喜欢凭自己的感觉，甚至是根据培训课堂的感觉来衡量培训的效果。这种评估标准一定程度上导致培训缺乏成效。培训的最终目的是帮助团队提升绩效，那么衡量培训效果的工具应该是组织绩效。只有保持手段和目标的一致性，管理手段才能取得良好的效果。用培训现场的氛围和表现来衡量培训效果可以说已经背离了培训的初心，很难取得良好的效果。

而要用实际的绩效来衡量培训效果，就必须建立监控指标，确定衡量标准。监控指标和衡量标准往往源于证明问题的证据。正常情况下，证明培训发挥作用的指标也正是当初证明团队存在问题的指标。如果当初存在问题的指标都有不同程度的好转，达到了企业期望的要求，培训才是成功的。

假设前述案例中刘总分析了一段时间以来的员工纠纷问题，找到了实际证据证明团队精神缺乏是由鼓励团队成员彼此互相竞争的绩效制度所导致的。那么实施了新的绩效制度之后，团队成员的工作纠纷应当减少，他们之间的协作度会上升。这种改善应当体现在对应的纠纷统计数据下降，员工对团队协作的满意度上升。衡量改善效果的指标出现了有利变化才能证明培训发挥了作用。

如果没有出现这种有利变化，管理人员应当继续深入分析员工实际纠纷的真正原因，如果结论仍然是因为绩效问题，那可能是新的绩效制度仍然存在问题，需要进一步了解相关人员对于新绩效制度的看法，然后进一步改善。衡量改善效果的最终标准必须是企业实际产生有利的变化。

8. 如何做到合理授权

案例

李总是公司最忙的人，几乎每天他都是最后一个离开办公室的。每天一到公司，下属就像嗅到了血腥的鲨鱼，一个接一个地过来找他。每天李总都忙于做出各种批示，签字。研发立项需要他签字，员工招聘需要他签字，人员的薪酬标准也需要他签字，采购物料需要他签字，甚至选哪个供应商都要他给出意见。更不要说到底应该先付哪些供应商的货款，优先拓展哪个细分市场，怎么分配资源给不同的项目这样的问题。对于这些问题，李总都是自己把关，结果从早到晚，下属都在不断地找他，他根本就没有时间考虑下一步工作，下属把哪个问题送过来他就去处理哪个问题。下属整天问题不断，他也忙个不停。

后来李总上了管理培训班，认为自己的问题在于没有授权。他聘请管理人员不是为了让他们给自己当传声筒，必须让下面的管理人员承担起责任。于是他决定授权给下面的部门负责人，要求他们自己做出决定。如果碰到了困难找自己，同时他们必须要提供至少两个方案供自己选择。李总提出了这些要求之后，长出了一口气，因为下面的管理人员承担起他们应当承担的职责后自己就可以轻松一点了。

结果，第二天采购经理就递交了两个付款方案让李总选择，一个方案是完全付清各种到期货款，另一个方案其实也就是稍微少付了两家公司的货款。李总感到很生气，这样的两个方案和一个方案有什么区别？花了很长时间，李总才让采购经理明白，现在公司的资金很紧张，根本不能一下子全部付款，只需要付几个供应商即可，其他供应商的货款要等公司收到客户的货款才能付。等采购经理从自己的办公室出来之后，李总发现时间都过去了快半个小时。

李总还没来得及抱怨一下，销售和供应链的经理又到了他的办公室。销售要求供应商必须按期交付所有订单，而供应链经理则认为供应商不是很配合，经常停线等料，以目前的产能来看，只能完成部分订单，销售必须有所取舍。两个人说完，当着李总的面吵了起来。最终还是李总耐着性子说会亲自找供应商谈判，争取他们的配合，同时指示销售把小客户的订单先拿下来，然后先保障大客户的交付，随后又安抚了一下销售经理。一天下来，李总感觉自己并没有变轻松，好像更操心了。

分析

不少管理人员其实是在为下属打工，陷入下属的工作问题泥潭而不能自拔，最终自己忙得团团转，绩效却并不好。但是作为团队的负责人，管理人员自己的工作都没安排好，团队怎么可能有效率？

要想放手，企业的各级管理人员首先要有好的心态。不肯放手的管理人员往往都精通下属的工作，所以难以接受下属的工作质量，总是用自己的标准衡量下属的工作。结果就是对下属的工作不满而频繁插手。下属习惯被上级插手后会习惯事事等待上级来解决问题，最终变成了老板为下属打工。

要摆脱这种困境，管理人员首先应该回归岗位职责，先为对应岗位确定合理的工作内容和工作标准，而不是以自己个人的工作水准作为岗位的工作标准。员工的能力和他们的收入往往成正比，管理人员用自己的水准衡量员工的行为本身就不合理。如果该岗位确实需要达到管理人员自己的工作水平，那么招聘和薪酬待遇都应当按照对应的水平来确定。这样岗位工作人员才能把工作做到管理人员期望的高水平。

管理人员需要重新定位自己的价值。潜在的工作目标有很多，但并不代表都需要去完成。每个人的精力是有限的，只能有所选择地去完成。遗憾的是，很多忙得团团转的管理人员虽然总是抱怨时间不够用，但他们还是对各种工作任务来者不拒。对于很多明显缺乏价值的工作他们仍然乐此不疲。为此，他们需要认真审视自己的时间流向，优化自己的时间管理。一旦发现自己的时间有太多流向缺乏价值的工作，就需要调整自己的工作目标。通过优化工作目标，改善自己的工作时间安排，提升工作绩效。这是目标管理的重点。

管理人员如果意识到自己有很多工作都能够比纠正下属的工作创造更多的价值，他们就不会热衷于对下属的工作指手画脚。如果改善下属的工作方法能够创造500元的价值，而做自己的工作能创造2000元的价值，管理人员肯定应该做自己的工作而不是去指导下属工作。一般情况下，管理人员自身工作的价值往往比下属工作的价值高。所以，只要下属的工作质量能够达到岗位的最低要求，管理人员就应该尽量减少干涉下属的工作。

事无巨细都插手的保姆式管理还会带来下属成长缓慢的问题。员工都是在工作历练中成长起来的，管理人员代替下属做决定，让下属事事按照自己的意思去工作，其实也就剥夺了他们成长的机会。长此以往，员工的能力会停滞不前。如同案例中那些习惯请李总决定的下属即便被授权，也很难一下子学会独立工作。

管理人员要想把自己从下属的工作泥潭当中解脱出来，必须学会授权，但授权应该以下属必须基本具备能够处理此事的能力为前提。所以管理人员在选拔人才的时候就必须关注员工是否具备对应岗位的胜任能力。如果下属具备了对应能力，管理人员就没有必要频繁插手。对于一些重要的工作可以适当干预一下，至于日常工作，管理人员必须牢记双方的职责界限，克制自己插手的冲动。如果员工连日常工作都无法胜任，管理人员应该考虑的是换人，而不是不断提供帮助。

现代企业竞争激烈，工作日益复杂。原本能够胜任的员工可能会因为没有成长而跟不上企业前进的脚步，导致无法胜任岗位新的要求。公司如果还在发展，往往需要从内部提拔人员，这些都会对员工的能力提升产生需求。所以，管理人员即便找到了符合岗位要求的员工也不能高枕无忧，需要不断培训和提升下属，让他们能够不断成长，胜任更加复杂的工作。

脱岗学习、轮岗学习和启发式学习是培训员工最主要的渠道。

脱岗学习是受到很多管理人员青睐的方式，但存在培训费用较高的问题。往往更适合帮助员工拓宽工作思路，学习外部的先进工作方法。此外，外部培训对培训师的要求较高，如果培训师自己本身缺乏足够的实践经验，又没有足够的理论高度，就很难把培训的效果落到实处。

轮岗学习则存在员工适应性的问题，同时还要考虑公司的实际业务运作。如果把一个称职的员工轮换到一个新的岗位，员工需要适应，团队需要磨合，公司也需要成本。对于岗位较少的小企业，存在轮换机会稀缺的问题。此外，轮岗往往只能扩展员工的视野，利于和其他同事工作合作，但对提升员工的工作技能帮助不大。

最重要的学习方式是管理人员启发、培训下属。管理人员和下属接触较多，更了解下属的优缺点，能够有针对性地启发和培训下属。此外，管理人员可以利用工作中的问题作为培训下属的案例，和工作的实际关联程度最高，更方便下属学习理解，也更容易学以致用。

管理人员并不一定需要特意安排专门的时间和场地来培训下属。他们完全可以通过改变以前工作沟通的方式，利用工作问题培训下属。既让下属学习成长，又合格地完成了工作。

比如在案例中，当采购经理来请示到底应该交付哪些供应商的货款的时候，只要时间允许，李总就可以利用解决这个付款问题的机会顺便培训采购经理。他可以询问采购经理是否了解公司现在的资金状况。如果下属了解公司的资金状况比较紧张，李总就可以继续询问他关于哪些供应商不付款会对公司的运营产生严重的负面影响，以及公司必须支付多少货款才能保障这些供应商配合公司的运作需求这两个问题。让采购经理搞清楚这两个问题后，再谈具体付款的问题。这样采购经理就会慢慢养成正确的思维模式，了解应该在资金比较紧张的时候把必须付款原因和最低必须支付的金额列出来，然后请老板审批等解决方法。下属成长起来，能够做到独立判断后，老板才能授权他们为自己分忧。随着工作经验的积累，采购经理分析问题、判断问题的能力就会提升。这样才能为以后授权铺平道路。如果采购经理根本不具备独立分析和判断这些问题的能力，授权就如同盲人骑瞎马，将对公司的运营造成巨大风险。

启发式培训的关键在于不要直接告诉下属答案，尽量通过提问引导下属自己去思考决策的关键问题，提升他们处理问题的能力。通过提问帮助下属找到正确分析问题、解决问题的思路。

大多数工作都可以通过以下五个问题得到答案：

①这是什么问题？

②有什么证据证明是这种问题？

③这件事和哪些重要人物相关？

④你打算如何解决此事？

⑤你需要什么资源和支持？

对于大多数问题，只需要搞清楚这五个问题就会清楚应该如何解决这个问题。有些下属能够分别单独回答这五个问题，但他们无法解决难题的原因往往在于他们缺乏系统分析问题和找出解决方案的能力。而管理人员可以通过提问引导他们系统化地思考问题，找出解决问题的答案。时间久了，下属就会形成独立解决类似问题的能力。这个时候，管理人员才具备了向下属授权解决此类问题的基础。

9. 该留什么样的员工？

案例

林经理最近接连收到了同一个门店两个导购的投诉，投诉的对象是她们的同事阿芳。理由是阿芳侮辱她们，她们觉得根本没办法和阿芳这种缺乏团队精神的人共事。如果公司不解雇阿芳，她们就打算辞职。林经理不希望阿芳离职，因为她一个人的销售额就占了门店收入的一半以上，比另外两个促销员和店长加起来都多。但是他也不希望门店出现内讧，认为团队精神是最重要的。

林经理决定亲自去门店了解情况，结果还没到店门口就听到阿芳在斥责另一位导购："你的眼睛长着是出气的吗？"刚说完，阿芳似乎意识到背后来了人，扭头看到林经理过来之后就不说话了。

林经理感到很恼火："我一再强调团队精神，你这样责骂同事，还有一丁点团队精神吗？"

阿芳辩解说："经理，你不知道……"

林经理感到很生气，大声呵斥说："什么我不知道？我都知道！"阿芳吓得不敢继续说下去了。

发完脾气后，林经理也踌躇了，真要解雇阿芳吗？她一个人比其他三个人的销售额都高。不解雇阿芳的话，另外三个导购要辞职怎么办？

分析

下属员工之间产生冲突，最终却把管理人员卷入了漩涡。如果调解失败，往往面临二选一的困境。如何走出这种困境？

很多问题都不像表面看到的那么简单。林经理在沟通的过程当中斥责了阿芳，如果单独看这个场景，林经理似乎存在管理粗暴的嫌疑。所以，阿芳责骂同事也未必像表面看到的那么简单。很多话往往都是在特定的背景下说出口的，脱离了说话的背景，单独就说话内容说事，很容易造成误判。要想正确处理这种问题，要先了解问题的来龙去脉。这个问题和门店的经营业绩关系紧密，值得管理人员花时间了解清楚。

在这个案例中，如果阿芳只是说话刻薄，本身并没有恶意，林经理应该做的就是尽量指导阿芳改善沟通，减少和其他同事的摩擦。

如果是其他导购故意激怒阿芳，诱导阿芳说出不恰当的话，进而挤对她，那更应该追究的是其他导购的责任。

如果是阿芳确实恶意对待其他员工，那就必须考虑她可能带来的危害了。除非可以让她独自工作，否则要考虑辞退她。很难预料一个充满恶意的人会给公司带来什么损失。

林经理最大的问题在于他对这个冲突运用的判断标准错误。他很重视团队和谐，对业绩的重视程度却有所欠缺。对于企业来说，在不违背法律的前提下，最重要的目的是为客户创造价值，获得盈利。至于内部的氛围是否和谐，并不是最核心的目标。所以，林经理应该优先确保门店的销售业绩而非工作氛围。阿芳一个人的销售额占了门店销售额的一半以上，如果解雇其他人，阿芳也能保持这个销售额，那完全没必要为了其他三个无法产生销售业绩的员工而辞退业绩优秀的员工。企业要想生存下去，最终还是要靠业绩。而业绩是由能出业绩的员工做出来的，谁去谁留，答案显而易见。

盈利对于企业来说如此重要，但如何保障企业盈利呢？如果我们从员工雇佣的层面看待这个问题，就能够得到人员管理的关键原则。

员工净值 = 员工创造价值 – 企业支付薪酬福利

对于单个的员工来说，他们为企业创造价值，同时也从企业获得薪酬福利。如果他们创造的价值超过了他们从企业获得的薪酬福利，员工净值为正，那么这种员工是企业的资产。但反过来，企业支付的薪酬福利超过了员工所创造的价值，那么这个员工净值为负，这个员工就是企业的负债。

单纯认为员工是企业的资产的说法并不一定成立。如果员工都是资产，其他的物质资产当然也是资产，企业为什么还会亏损甚至倒闭？亏损的企业一定因为员工（这里包括老板和企业所有管理人员）没有为企业创造足够的价值。

理解了这个概念，人员管理的思路就清晰了。人员管理的核心就在于保留资产类员工，改造或者剔除负债类员工。如果每个员工的净值都为正，最终企业就一定是盈利的。人才资产并不一定是高学历、高能力的员工，只要能够为公司创造净价值的员工就可以说是公司的资产。而反过来，如果员工无法为公司创造净价值，即便是 CEO、董事长，也是公司的负债。

对于管理人员来说，人员管理工作的重中之重就是鉴别下属，了解他们的净价值，帮助员工提升他们的净价值。

所以对于林经理来说，他更应该关注门店其他导购业绩不佳的问题。如果门店缺乏绩效，就不是解雇导购的问题，而是整个门店都要关门的问题了。他需要了解为什么三个导购业绩加起来都不如阿芳一个人的业绩。如果这些导购不努力提升她们的业绩，团队意识再强，工作氛围再和谐都没有意义。客户并不会为和谐的工作氛围买单。

如果业绩的差距确实是导购的能力问题，林经理应该敦促她们向阿芳学习销售技巧，提升销售业绩，而不应过于计较阿芳说话的语气问题。如果让阿芳离开而选择留下她们，业绩下滑几乎不可避免，公司不可能接受这种结果。如果林经理施加了其他员工要向阿芳学习的压力，也许部分员工能够调整自己的立场，调整和阿芳的相处模式，问题反而可能得到解决。要让员工意识到，如果她们无法改善业绩，公司更有可能的选择是留下阿芳，而让她们离开。留下阿芳，业绩更有保障，而且也许新来的员工能够和阿芳相处愉快，业绩上升的概率更大。

其次，管理人员应当关注案例中为什么阿芳业绩如此突出。如果阿芳确实是销售能力出众，可以考虑提拔她做店长，让她带动其他导购一起提升业绩，为公司创造更多价值。不过，在提拔阿芳之前一定要让阿芳明白，如果她自己不提升沟通技巧，改善同事关系，就很难带动团队把握住机会。通过引导阿芳对自己职业发展的关注而帮助她意识到自己的问题，进而引导她改善自己的沟通，改善和同事的关系。

如果阿芳确实缺乏和同事维持正常关系的能力，可以考虑提拔她专职负责销售技巧培训，帮助其他导购提升业绩。通过这种安排把阿芳销售能力强的特长充分发挥出来，尽量避免她缺乏人际关系能力的弱点给团队带来损失。

企业需要的是效益，而不是把员工改造成完人。管理人员需要做的不是要求每个员工都改正自己的缺点，成为更完美的人。成为更好的自己可以是员工自己的成长目标，但管理人员应该关注的是如何尽可能发挥员工的长处，帮助他们创造更多的价值，没有必要纠结于员工的缺点。所以，如果阿芳确实有销售能力，林经理就没有必要太在意她的沟通问题，首先应该考虑的是如何帮助阿芳发挥自己的优势，为公司创造更多的价值。

如果员工的缺点确实影响了她的工作业绩，导致员工净值下降甚至为负数，管理人员可以提醒员工，如果员工能够意识到问题并且改正，对于团队来说有利无弊；如果不能改正，管理人员应该做的不是强制改变员工，而是帮助问题员工重新定位，寻找其他合适的岗位。如果内部没有空缺的合适岗位，应该和员工沟通离职问题。改变一个不愿意改变的人，成本巨大，还很难获得期望的成果。对于企业来说，目标是盈利，应该尽可能选择事半功倍的方式去实现盈利目标，而不是选择事倍功半的方式蛮干。

所以，管理人员的眼光不应该只局限在问题上，只知道拼命救火而忘记了自己的目标，而是应该着眼于价值创造，把自己的管理重点放在帮助员工创造价值上来。所以，在这个案例当中，林经理最应该关注的是如何提升门店和整个团队的销售业绩，而不是团队成员之间的矛盾。他应该引导团队成员多关注业绩，少为鸡毛蒜皮的小事钩心斗角。

管理人员应当尽量避免在无法创造价值的员工身上浪费时间，应该多关注能够创造更高价值的员工，帮助他们发挥自己的价值，如通过协调团队工作氛围、调整岗位、调整工作模式、调整团队架构帮助他们充分发挥自己的能力。高能力的员工发挥了能力，就容易实现团队的绩效提升。通常情况下，外部调整比逼迫员工自我提升成本低，见效快，从经济上更为可行。这样做也避免了和下属产生矛盾冲突，多数人都喜欢帮助自己实现价值的上司，而不是盯住自己的缺点不放、小题大做的上司。管理人员不应当忽视自己目标，盯着员工的缺点不放，把自己推到高价值员工的对立面。

10. 培养员工的方法和技巧

案例

人事部张经理在和研发部员工沟通的时候发现，好几位研发员工都对他们部门的蔡经理表示了不满，认为蔡经理根本不喜欢他们，总是把他们丢在一边忙自己的工作。下属有问题请教蔡经理的时候，蔡经理也总是要他们自己多思考，还教训他们只有自己摸索出来的方法才能印象深刻，灵活运用，别人的方法说再多都是别人的方法。这些研发人员一致认为这完全是蔡经理不愿意培训他们的借口。

张经理对蔡经理很熟悉，他技术过硬，从一个工程师一步步走到了经理的岗位。公司提拔蔡经理的原因一方面是认同他为公司所做的贡献，另一方面也是希望蔡经理能够帮助公司培养一些研发骨干。现在出现了这种问题，张经理觉得应该和蔡经理好好谈谈了。

张经理先从蔡经理对于几个下属的成长意见聊起。一说到下属的成长，蔡经理就摇头表示这些人太缺乏钻研精神，一碰到困难就希望别人告诉他们答案，很难成为优秀的研发人员，而自己过去碰到难点问题时可以整天思考这个问题。他认为只有全身心投入到问题当中才能得到最快提升，而现在的几个下属都缺乏这种特质。他觉得需要让他们多吃点苦头，让他们自己摸索。如果有人能够沉下心来，那就是公司需要的人，如果沉不下心来，还不如早点辞退。

张经理有些担忧，但是蔡经理表示自己当年就是这么成长起来的，效果很好，而且以前的公司也是这样培养人的，这个职业就是这样。

分析

人员培养是让很多管理人员感到头疼的问题。现在企业竞争激烈，对人才的需求越来越高，很多适应企业发展所需的能力和人才都需要在内部培养。外训能够解决部分能力的培养问题，但如何让下属尽快成长起来，很大程度上还需要依赖上司的培养。能否快速、高效培养下属，已经成了管理人员能否取得成功的能力关键。

培养下属首先要选对人。培养应该是画龙点睛，而不是女娲补天，更不是精卫填海。企业经营需要考虑成本，所以达到同样的效果，培养成本越低越好。在决定培养人选之前，管理人员一定要调查清楚拟定培养的对象和期望的目标之间的差距，如果差距不大，这种培训就是投资小、见效快的项目。管理的一个重要诀窍就是用最小的成本实现目标。

一般来说，员工感兴趣、基础好，培训就容易出成绩。反过来，如果培训对象基础差，根本没兴趣，那么培训就变成了精卫填海一样事倍功半的工作。培训成功与否，培训对象的选择至关重要。

管理人员决定培养人选之前一定要尽量避免选择基础太过薄弱的候选人。基础越薄弱，差距越大，培养成本越高。此外，管理人员决定培养人选之前还应该了解候选人的兴趣，有兴趣的候选人当然是理想的选择，如果没有明确的好恶，就需要更深入的测试，了解候选人缺乏兴趣的原因。

学习基础和兴趣是两个关键衡量指标，但这个标准并不是绝对的。福利好、员工素质高的公司对于学习基础的标准可以高一些，而福利差、员工素质较低的公司对于学习基础的标准则应当低一些。选择培训目标要符合公司的实际情况。

此外，管理人员还应该注意到有些能力可以较快培养出来，而有些能力很难在短期内培养成功。一般来说，人的个性、思维习惯、基础知识在短期内难以改变，而应用技能、行业信息、产品知识则相对容易培训成功。所以，管理人员要选择在短期培训项目上有所欠缺的候选人，尽量不要选择需要长期培训弥补缺陷的人。管理人员可以培训员工的操作技能、流程知识，可以培训他们了解公司的产品，培训沟通技巧。但我们很难让一个没有学过物理的员工成为研发工程师，也很难让一个语文成绩很差的员工成为文案高手。虽然也有偶尔成功的例子，但管理需要的是效益而不是奇迹，成功率太低，成本太高的方案不值得尝试。

有的管理人员可能会问：如果员工的这些缺点影响到他的职业发展，难道也不帮助他们提升吗？正确的做法是管理人员告知员工影响自身发展的实际缺陷，但选择怎么做应该由员工自己决定，管理人员只能提供支持，不能主导。也就是说如果员工愿意挑战自我，改变自我，他可以自己想办法克服这个困难，这个时候管理人员可以提供必要的支持。如果他经过学习达到了培养的标准，可以将其纳入培养目标，这样做管理人员可以有效降低培训成本。但如果对方不肯改变，没必要出面干预，每个人都有选择自己生活的权力。这样做可以避免管理人员去一厢情愿地培训员工而浪费资源。从管理的角度来看，强扭的瓜不仅不甜，还很贵。

在上面的案例当中，人资经理和研发经理都需要认真思考这几个员工到底和目标差距多大，是否值得培养，这个岗位的吸引力有多大，能够吸引到什么层次的员工等问题。只有把这些问题考虑清楚，才能得出比较正确的答案。

案例中蔡经理对培训方法的理解也存在一定的误区。每个人都是不同的，不能简单地用自己的标准衡量别人。蔡经理自己摸索成长对他自己也许适合，但不一定适合其他人。因此蔡经理不应该认为对自己有用的方法就对其他人也有用，然后强制推行这种方法。

管理人员更需要根据员工的特点因势利导地引导员工学习，这样更有可能取得良好的培训结果。培训手段不是目的，目的是取得良好的培训效果，为企业创造价值。所以管理人员应当探索、掌握多种有用的学习方法，结合员工的特点采用合适的方法来提升培训效果。有的员工喜欢手把手地培养，师傅就要多引导；有的员工更喜欢自己领悟，师傅只需要在关键地方点拨即可。培训方法没有更好，只有更合适。

培训需要和员工自身的能力和特点相匹配。案例中蔡经理自身的资质可能比较高，而且学习意愿强烈，所以放任自流的培训方式容易激发他的学习欲望，自己摸索出一条研发之路。但这种学习方式对于一般的被培训的对象来说要求太高，成才率往往很低，同时培训成本高。这种做法一般不值得提倡，尤其是在公司员工素质偏低的情况下。

为了降低培训风险，管理人员可以把一个学习目标分解成为几个小的学习目标，尽量让被培训的对象每次只需要跨越一个小目标。因为目标较小，难度较小，被培训的对象更容易掌握，也更容易建立起他们的信心。此外，对于很多公司来说，不可能完全让员工全职学习，还需要他们为公司创造价值。所以，首先培训员工掌握部分技能，让他们有能力参与工作的方式更为合理，一方面可以避免长期培训没有回报，另一方面也可以让员工在工作中逐步熟悉自己所学的内容，提升自己的技巧。

此外，分阶段培养可以随时调整。不论管理人员如何提升鉴别人员的技巧，总会出现有一些培训对象被误判为适合培养的。分阶段培养可以帮助管理人员建立过程中的监控节点，根据进度随时检验被培养对象是否值得培养。如果发现员工不值得培养可以随时终止培养，避免浪费培养成本。此外，存在人的潜能有限，培养到一定的阶段就再难前进的情况，这个时候管理人员也要果断中止培养。培养本身并不是目标，而是为企业创造效益。一旦发现无法取得效益，管理人员要有果断中止的勇气和决心。

此外，这种模式还可以对被培养人员形成一定的压力，对于候补人员形成动力。被培养人员随时可能被剔除，而候补人员也随时可以被纳入名单，形成能进能出的机制。这种机制所带来的压力和动力能够让培养取得更好的成果。

第五章 绩效管理

1. 过程和结果的关系

案例

李强因为工作能力出色而被提拔为研发经理。他决心用更积极的工作态度回报领导对自己的认可。为了提升下属的工作绩效，他无私地分享了自己的工作方法和诀窍，要求下属学习并且在工作中使用这些方法。他要求每个下属都必须每天向他汇报详细的工作进度，还经常去了解下属是否按照他的方法进行工作。很多下属觉得每天填写工作报表浪费了不少时间，而且有些下属不太认同李强的工作方法。

李强的管理导致下属纷纷抱怨，几位资深员工的抱怨尤其突出。李强的上司林总监知道了李强的管理问题之后告诉李强重要的是结果，不是过程。作为管理者，只要下属能够提交自己需要的结果就够了。李强应该把更多的精力放在结果上，而不是让下属耗费大量精力汇报过程的细节。

李强为此还特意参加了一个管理培训活动，决心根据所学的知识改进自己的管理。他召开了部门会议，表示以后他将把管理的重心转向工作结果，不会再干涉大家的工作过程。

在开始的时候，李强发现自己和下属的摩擦减少了很多，一些项目也能够如期完成，为此他感到很高兴。后来李强发现有一个重大项目开始出现延误，而下属总是告诉他这是一个小问题，后面会解决的。但李强发现问题迟迟没有得到解决，最后他实在忍不住了，仔细了解了这名员工的工作细节，才发现这名员工的思路完全是错误的，只能重头做起。最终导致项目严重滞后。李强也受到了严厉的批评。

分析

李强的郁闷恐怕是很多中下层管理人员的郁闷。管得很细，下属抱怨，自己有错；只要结果，不管过程，结果难以保障，自己也有错。这让他们的管理陷入了左右为难的困境。

结果派认为只有结果才是有意义的，认为管理者只需要关注结果。如果下属无法提供管理者所需要的结果，那就是下属的执行能力有问题，管理人员需要做的是通过合理的奖惩引导下属积极工作，管理人员更像是一个判官。

而过程派则认为没有好的过程就没有好的结果，所以，要想取得好的结果就必须对过程进行管理和干预，这样才能保障过程受控，进而得到期望的结果，管理者更像是一个教练。他们认为有了良好的过程，结果是必然的。如果把工作比喻成一场球赛，结果其实只是球赛的记分牌，要想赢得比赛，只盯着记分牌是没有用处的。只有在比赛过程中运用合理的战术，积极争取才有可能取得最终的胜利。

两派的说法似乎各有道理。李强把两种管理方法都实践了一下，但是结果都无法令人满意。问题出在哪里呢？

两派都认同一个观点，即结果对于管理来说是非常重要的。差异只在于到底如何才能得到期望的结果。结果派把得到结果的责任推给了下属，认为下属都有能力得到组织所需要的结果，所以他们认为管理人员只需要作判断。但实际上从李强的管理实践可以看出，下属并不是总能搞定工作，一旦碰到了下属无法胜任的情况，管理人员还在扮演判官的角色就很难及时解决问题。出了问题之后，惩罚下属也于事无补，因为下属根本不具备解决这些问题的能力。这种时候，惩罚不仅无法解决问题，反而可能导致人员离职，带来更多的问题。

有人更倾向于过程派的观点，认为如果每一步都做得合乎标准，最终一定能得到良好的结果。但李强推行这种管理模式的时候也碰到了问题。这样做引发了下属的情绪反弹，认为李强过多地干涉了他们的工作，限制他们，额外增加了他们的工作负担。

过程派的“标准”的含义往往比较模糊，很难清晰界定具体的标准是什么。在实际工作当中，有多种方法可以得到期望的结果。而管理人员往往倾向于用自己喜欢的方法作为标准，这就限制了下属的发挥，最终反而影响了下属的工作效率。管理人员的某些方法是基于自身的特点的，未必适合下属，如果强制要求下属按照特定的方法执行，反而可能导致下属难以完成工作。比如，袋鼠认为最快的方法就是跳跃，但如果要求蟒蛇按照袋鼠的方法移动，蟒蛇就寸步难行了。

此外，在现实的工作中，过程的信息是无限的，实际上不可能完全管控，从成本上来说根本不可行。李强要求下属汇报详细的过程数据，结果被下属抵制，根本原因就是工作量大。很多管理人员没有意识到管控本身是有成本的，如果为了防止错误而耗费了太多的成本，控制本身也就失去了意义，因为客户并不会为这些控制成本买单。这就是过程派的理论缺陷。

管理难就难在既要保障工作质量，也需要控制管理成本。结果派缺乏对工作质量的保障，而过程派忽视了方法本身的局限性，忽视了过度控制带来的成本上涨。所以，两种管理思路都存在缺陷，这也是为什么李强尝试了两种方法都无法成功的原因。

结果派和过程派的方法都行不通，那么到底该怎么做呢？

正确的管理思路是借鉴过程派和结果派方法的优点，舍弃它们的缺点。姑且把这种管理方法称之为以结果为导向的过程管理。管理人员必须明白，结果才是组织追求的目标。结果需要通过过程实现，过程也必须围绕结果而展开。

结果需要通过过程来实现，这意味着管理人员必须关注对结果有重大影响的过程和要素，通过对这些重点过程和要素的监管保障结果，但并不意味着管理人员需要了解过程中所有的细节。就好比企业需要通过来料检验确保来料质量合格，但并不意味着企业需要对每一批物料、每一颗物料都全部检测。来料检验部门会对一些不重要的、不会影响产品性能的物料简化检验，甚至取消检验，还会根据供应商的品质管控能力，对有较强质量管控能力的供应商实施免检。即便对于需要检验的物料，来料检验部门往往也只是从一个批次当中抽出一部分检验。但是对于非常重要的、容易出问题的元器件，来料检验部门则会严阵以待，往往会加大检验的比例，甚至采用全检的方式来确保质量合格。管理人员应当借鉴这种质量控制的思路，并且将其运用到自己的工作当中。对于不重要的、日常的、下属已经能够熟练应对的工作采取免检或者抽检的方法来简化管控，降低管理的成本。对于重要的、容易出问题的工作则需要密切关注工作方法和执行进度，尽可能让工作保持在可控的状态，通过加强管理提升工作质量。对于不同类型的问题灵活地采取不同的处理思路，这样才可以既保障工作质量，又控制管控成本。

过程必须围绕结果展开，意味着过程管理必须是为结果服务的。过程本身并不是目的，结果才是最终目的。只关注过程而忽视结果的管理就像和对手打了一场异常精彩，却因为丢分太多而被淘汰的比赛一样失败。过程管理只能重点关注那些影响结果的因素和环节，而不能面面俱到。

管理人员只能有选择地了解、掌控部分过程和部分参数。对于应当关注哪些过程和哪些参数问题，管理人员不应该根据自己的好恶来设定。管理人员首先应该明确自己期望的结果，然后根据过程和参数对结果的影响程度来确定它们的重要性。确定了关键过程和参数之后，管理人员需要通过过程管理确保这些过程和参数保持在合理的范围之内。没有结果导向的过程管理像一只无头苍蝇，四处出击，却难有成效。而没有过程管理的结果导向则像被砍断了手脚的巨人，寸步难行。

对于重要与否，什么方法可行，是否容易出问题等这些问题，是不以管理人员个人意志为转移的，也不能以管理人员自己的好恶来判断。管理人员需要立足实际，根据实际情况的变化来调整自己的管理。比如，以前产品并没有质量问题，对于质量的管理做了适当简化，但如果现在客户频繁投诉质量问题，就必须认真对待，而不能置若罔闻，必须认真了解客户投诉的真正原因。如果客户投诉的是事实，就必须加强相关的过程管控，找出问题，提出对应的管控手段，然后要跟踪处理的结果，直到客户确认问题确已解决。很多企业的客户投诉问题迟迟得不到解决，往往是由内部管理人员僵化的过程管理所导致，他们不懂得根据结果的变化调整过程管理，也不懂得根据结果来确认调整后的过程管理的有效性。

一个优秀的管理者应当始终专注于为客户创造价值，关注客户所关注的，努力实现客户期望的结果。然后根据客户的期望结果来确定自己的工作目标，进而把管理细化到对结果有重大影响的关键过程当中去。这样才能通过过程管理实现期望的结果，全力实现客户价值，提升管理价值，这才是正确的管理思路。

2. 宽严皆误，绩效导向才是正途

案例

杨总深信：“严是爱，松是害”。他对管理一丝不苟，下属的错误往往都会招致他严厉的批评，哪怕只是打字错误。工作汇报更是下属要过的鬼门关，汇报的时候，每个人都战战兢兢，如果被杨总发现问题就会被严厉训斥，如果无法回答杨总提出的问题结果更严重。所以，杨总手下的员工流失率比较高。但这些年下来，也成长起来了一批骨干。这些骨干做事谨慎认真，对工作的细节特别清楚，极少出现纰漏。杨总为此非常自得，认为是自己严格的管理锻炼了这些下属，使他们快速成长，成了公司的骨干力量。

但是近年来杨总碰到了越来越多的问题。新的员工很抵触他的管理模式，流失率异常高。不少员工在他手下连试用期都做不满，即便侥幸过了试用期，很多人也会一有了其他工作机会就辞职走人，导致杨总的手下像走马灯一样更换。杨总认为自己的严厉是爱之深，责之切。他这样做是希望员工能够更快成长，这样他们以后才有机会走上更高的领导岗位，才有更大的发展空间。但是新员工并没有理解杨总的良苦用心，人员流失情况一直就没有好转。杨总感叹一代不如一代，现在的员工吃不了苦，以后受苦的机会只会更多。

分析

杨总对于新员工的点评也许正确，但作为管理者，他必须认识到坚持自己的观点和做法对摆脱困境并没有帮助。如果杨总不懂得通过改变来摆脱困境，那么他就和那些被他指责的员工一样没有什么区别。

作为管理者就应该从管理的角度来看待问题。对于杨总来说，他首先需要考虑的管理问题是如何取得良好的管理绩效，而不是如何把员工培训成一个个符合他期望的员工。

面对高流失率，指责员工毫无意义。杨总首先应该考虑自己的管理是否实现了公司的绩效目标。如果像以前那样，虽然人员流失率较高，但留下的人能够做出很高的绩效，而且留下的员工数量也足以满足公司的需求。那么杨总采用严格的管理并没有什么大的问题。但如果员工流失率很高，根本没有足够的员工能够长期接受这种管理模式，人员的频繁变动导致了工作绩效下降，杨总就要反思这种管理是否需要改善。即便这种管理模式在以前已经被证明有效，也不能盲目坚持。管理需要解决的是现在的问题，坚持已经无法解决当前问题的方法和手段并不明智。

正如杨总所看到的，员工已经发生了变化。姑且先不讨论这种变化的好坏，对于一个合格的管理者来说，他们必须意识到自己的责任是创造价值、实现绩效目标。管理者无法阻止社会的变化，只能顺应社会变化。员工的特点发生变化是每个管理人员都需要面对的问题。所以杨总应当做的是根据员工的特点变化及时调整自己的管理思路和方法，而不是抱怨。

杨总应该意识到如果员工不接受自己的管理模式，流失率居高不下，团队就根本无法取得理想的绩效，他必须在培训收益和员工流失的风险之间做好平衡。既不能为了降低员工流失率而丧失立场，讨好员工，对于员工不符合绩效要求的行为听之任之；也不能像案例中一样过于严格要求员工而忽视了员工的接受程度。管理毕竟要符合现实。对于具体该如何把握管理的尺度的问题，如图 5 –1 所示。

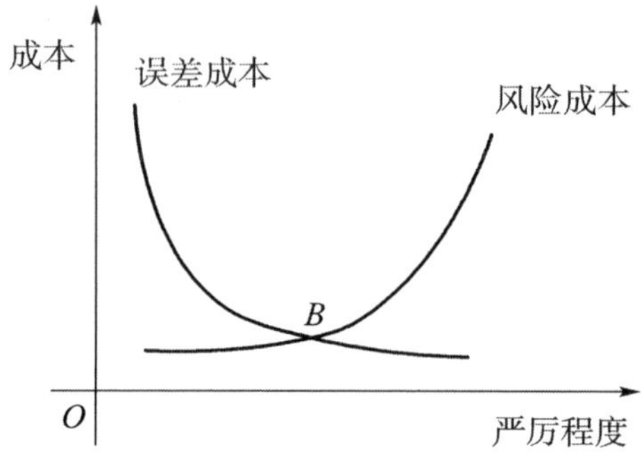

图 5 –1　管理严厉程度 – 成本关系

图中的横轴是管理的严厉程度，而纵轴代表成本。误差成本包括因为员工的工作表现没有达到预定的工作绩效而给公司带来的损失。对于大多数还没有把工作上升成为自身追求的员工来说，管理越松懈，员工的工作表现越差，给企业带来的损失越大，工作误差成本和严厉程度成反比。风险成本则是员工因为无法接受严格的管理而辞职所导致的成本。管理越严格，能够接受的员工比例越低，风险成本越高。而对于管理人员来说，他们需要做的是保持总成本尽可能最低。从图中可以看到，当误差成本和风险成本相等的时候总成本是最低的。所以对于管理人员来说，过度宽松不好，过于严厉同样不好，两者都会导致成本上升。这就是常说的宽严要适度。

如何判断管理是否适度？关键在于管理的成本。如果员工表现松散，工作误差成本太高，管理人员就必须加强管理。反过来，如果员工因为管理太严厉而辞职率过高，导致了过高的流失成本，管理者应当通过人性化的管理手段来降低人员流失的风险成本。经过不断调整，优秀的管理人员最终会让两种成本趋向于相等，也就是图中的 B 点，在这个时候总成本最低，也是最适合的管理尺度。

所有的管理手段都应当服务于目的。管理人员在选择管理手段的时候首先应该考虑的是该做法是否有利于价值创造。这种绩效导向意识对于管理人员提升管理水平至关重要。在不违背法律和公德的前提下，绩效才是衡量管理手段优劣的唯一标准。如果杨总有这种绩效意识，他就不会对企业正在蒙受的损失无动于衷。

管理人员需要注意，人对于严格管理的承受度是不一样的。有的人更能适应严格的管理，而有一些人的承受能力可能比较弱。在其他条件相同的情况下，管理人员应当优先选择对于严格管理承受程度较高的员工，这样做能够为团队带来额外的优势。出于这个目的，不少企业会在招聘广告中强调员工必须有很强的抗压能力。

此外管理人员还应当认识到员工的承受度一定程度上和他们对于工作的估值相关。如果员工觉得这份工作不错，他们就会表现出更高的承受度；反过来，如果他们觉得工作毫无可恋，他们往往就选择放弃。所以对于一些高附加值、有能力支付高额薪水的企业，他们可以选择通过高薪酬来换取员工对于严厉工作的承受而不是降低管理的要求。华为的员工之所以能够接受“床垫文化”，很大程度上都是因为薪酬够高，而不是华为的人资会洗脑。

一些管理人员只看到严格管理的好处，却不愿意支付对应的代价，这样做很难获得员工的认同，往往只会引发高流失率。很多企业学习华为的严格管理，却不肯支付高工资，最终只能以失败告终。

此外，管理人员需要明白严格的管理是针对结果而言的。实现结果的过程可以是愉悦的，并不是只有严格的过程才能获得期望的结果。这是因为人也可以为了自我实现而努力工作，努力工作并不一定是因为生存所迫。对于高素质人群来说尤其如此。很多人以为谷歌的管理松散，上班不用打卡，可以穿着睡衣，带着宠物上班。但实际上谷歌是一个严格追求成果的公司。谷歌的员工通过不断给自己设定更高的目标，强迫自己不断攀登高峰。OKR（objectives and key results，目标与关键成果）工作法能够名扬天下，谷歌功不可没。不关注成果的公司注定衰败，不关注成果的管理人员不是合格的管理人员。

对于管理人员来说，他们所采用的一切手段都只是为了提升绩效，宽和严都只是实现目标的手段。拘泥于宽和严本身，而忽视了隐藏在手段背后的目的是错误的。宽容和严厉是否正确最终必须通过绩效来验证。到底要选择宽容还是选择严厉，也是根据这些手段所导致的绩效成果的差异来决定的。

3. 正确选择 KPI 指标的思路和方法

案例

人力资源的高经理根据刘总经理的意思给公司的各个部门制定 KPI，为此他了解了其他类似公司的绩效考核指标以及相应的考核标准。高经理首先从这些指标当中挑了一些感觉比较适合本公司考核的指标，比如销售额、毛利率、成本下降率、质量合格率、交付及时率等，然后根据刘总“跳一跳，摸得着”的思想，把这些指标都做了一定幅度的提升，比如销售额目标在上一年实际销售额的基础上提升了 35%，毛利率从 28% 提升到 30%，质量合格率从 95% 提升到 98%，交付及时率从 92% 提升到 95%，成本下降率则要达到 8%。刘总看了高经理的绩效考核方案，感到比较满意。于是授权高经理和各个部门负责人谈判，落实之后按这个方案执行。

谈判的时候，高经理碰到了前所未有的阻力，每个部门的负责人都认为绩效指标过高。最终刘总决定亲自出面进行谈判，从责任感、担当精神谈到“能者上、庸者下”，才算是勉强让各个部门的负责人在各自的绩效目标方案上面签了字。不过有人指出，高经理也应该有考核。刘总认为有道理，于是给高经理也设置了一个 KPI，要求人员招聘及时率要达到 98%。这个指标让高经理头疼不已，但是由于其他部门都有指标，自己不签也不行。于是高经理也签了字。

春节过后，一开工，各个部门都提出了激进的招聘计划，需求非常紧急。人资部门忙得四脚朝天。让高经理恼火的是，各个部门的负责人对候选人都非常挑剔，导致招聘的通过率非常低，很多岗位都没有能够实现及时招聘。高经理找人资部门理论，他们都说这是响应公司的号召。有时候碰到了很合适的人选，可对方开价太高，刘总又不肯同意，导致实际没几个岗位能真正招到人。

其他部门之间也吵得沸沸扬扬。采购部指责质量部对供应商吹毛求疵，碰到一点问题就揪住不放，导致现在和供应商合作的难度很大，降价更是难以推动。而计划部门则抱怨物料延误太多，希望提升供应商的配合度。销售人员也怨声载道，他们努力提高售价，拿下更多订单，但是内部总是不给力，不是无法及时交付就是出质量问题，这让销售人员的努力都成了泡影。

分析

在制定 KPI 指标的时候，很多管理人员都倾向于提升指标，认为指标越高，绩效越好，对公司的收益也越大。本书在前面的文化管理中提出了一个核心的管理思想“付出 - 回报”机制。管理人员提升对员工的工作要求在多数情况下增加了员工的付出，这意味着管理人员需要在达成目标和增加给员工的回报之间平衡，也意味着提升目标是需要消耗成本的。而对于目标的提升是否能够为企业带来足够的利益的问题则往往缺乏深入研究，最终导致一些官僚化比较严重的组织越来越臃肿。看起来管得越来越细，越来越井井有条，实际上缺乏效益。这就是为管理而管理的弊端。

此外，员工的精力是有限的，资源是有限的，潜力也是有限的，过度挖掘往往会驱使员工涸泽而渔，最终危及公司整体目标的实现。比如说过度要求降本，采购为了保住自己的饭碗，就会选择质量更差，但是成本更低的供应商。即便这些供应商带来的质量成本上升超过降价的成本，采购仍然会选择合作。而质量部如果面临过大的质量压力，他们会对供应商吹毛求疵，即便供应商的价格下降能给公司带来更多的收益，他们也仍然倾向于淘汰这样的供应商。对于员工来说，首要的责任是保住自己的收入，这是人之常情。要解决这个问题，不能靠单纯的洗脑，而是要纠正绩效指标的不合理情况，通过合理的指标引导员工合作。

绩效考核的目的不是把员工分成三六九等，不是决定如何为他们发奖金。绩效考核的目的是激励员工实现公司的经营目标、为公司创造价值。所以，绩效标准的设定也应该是根据目标的需求来制定的，而不是人为盲目地拔高各项指标。实现大目标才是最重要的，而不是要求在局部做得更好。很多企业往往就是因为缺乏清晰的目标，局部追求完美，而导致每个部门都只关注自己的目标而忽视了团队。比如前文中质量和采购的分歧，如果企业先合理定位自己的产品策略，进而确定物料策略就能在一定程度上减少这种分歧。如果企业觉得需要更低的价格来打动消费者，而这些消费者对目前的质量已经满意，质量部就没有必要继续提升质量标准。质量部的工作应该转为尽可能地帮助采购部培训新开发的低成本供应商，在确保最低质量底线的前提下尽量和供应商合作，而不是不断推动已经质量达标的高成本供应商继续提升质量，更不是用高质量标准卡死有成本优势的供应商。反过来，如果企业准备提升产品档次，往高端转型，就不应该给采购设置降本目标，而应该引导他们开发质量水平、可靠度更高，设计能力更强的供应商。采购的价格谈判也应该在确保质量指标的前提下进行，而不是脱离质量目标进行供应商开发和谈判工作。

所以，管理人员首先应该关注的是公司战略、部门战略，然后把它们转化成为部门工作目标。如果工作目标有对应流程，根据流程分解，得到各个工序环节，再根据目标最终的需求确定各个工作环节需要实现的绩效标准，根据各个岗位承担的工序工作就得到了他们的绩效标准。例如，我们希望及时发货率达到95%，就需要商务及时录入订单、领导及时审批、计划及时计算需求并转发需求、采购及时制单下单、供应商及时交付、仓库及时发料、生产部门及时生产、物流部门及时发货。每一个环节的工作要求都是根据最终及时发货的目标来倒推的。这样每个环节环环相扣，都完成自己的目标，最终就能实现组织的目标。反过来，如果过分压缩交付周期，会导致各个环节的冗余时间大大减少，甚至根本没有充足的工作时间。比如，原来供应商交付时间是 14 天，现在要强行压缩为 10 天，就会引发一系列问题。压缩交付周期往往意味着供应商需要提前备库存。而一旦没有足够的需求，甚至出现产品升级、退市现象，各个环节所备的库存就会面临报废风险。即便产品销售正常，供应商也会因为库存增加而增加成本，这些成本最终还是会传递到公司而导致成本上升。如果客户关注的是价格而不是及时到货，这种提升最终会削弱产品对客户的吸引力。

所以，设置绩效标准首先应该回归目标本身，根据目标达成要求设置各个环节的工作标准，再根据岗位所负责的工序确定对应岗位的绩效标准。比如，企业要拓展高端市场，对于采购部门来说就要开发更可靠的供应商，所以采购部门就应该降低降本的工作要求而增加关于质量的工作要求。这样采购的绩效考核就能与关键工作（开发高端客户）挂钩，员工的个人利益就能与公司的利益挂钩。员工必须通过实现公司的目标来实现自己的目标，公司积极性就被激发出来。

由于绩效指标和标准都源于具体的目标，对员工的指导性强，也有利于让员工明白自己应该如何做才能实现公司的目标，也实现自己的目标。最终企业将两者绑定，用绩效管理促进了企业目标的实现。

4. 用正确的方式激励员工

案例

索尼曾经是创新的代名词，后来却沦为模仿者、跟随者，绩效连年亏损，市值也不断缩小。索尼公司的前常务董事天外伺郎认为是绩效主义毁了索尼。“业务成果和金钱报酬直接挂钩，职工是为了拿到更多报酬而努力工作。”他感觉管理人员把员工当成赚钱机器，导致员工失去了工作激情。

随着当初激情集团的那批人逐渐退休，索尼逐渐从技术的创新者变成了技术的模仿者。所谓“激情集团”，是指那些不知疲倦、全身心投入技术开发的集体。从事技术开发的团体进入开发的忘我状态时，就成了“激情集团”。要进入这种状态，其中最重要的条件就是“基于自发动机”的行动，比如“想通过自己的努力开发机器人”，就是一种发自自身的冲动。在创业初期，这样的“激情集团”接连开发出了具有独创性的产品，帮助索尼成为技术领先者。

索尼当初之所以能做到这一点，是因为有井深大的领导。井深大尊重技术人员的创新意识，激发技术人员的自发动机去努力工作。井深大最让人佩服的一点是，他能点燃技术开发人员的激情，让他们成为为技术献身的“狂人”。

在刚刚进入公司时，天外伺郎曾和井深大进行过激烈争论。井深大对当时作为新人的天外伺郎并没有采取高压态度，他尊重包括天外伺郎在内所有研发人员的意见。为了不辜负他对自己的信任，天外伺郎当年也同样潜心于研发工作。比天外伺郎进公司更早，并且也受到井深大影响的那些人，在井深大退出第一线后的很长一段时间内，仍以井深大的作风影响着全公司。当这些人退休后，绩效主义使研发员工变成了为钱而工作，研发人员失去了那种积极创新的精神，团队精神也消失了，以前和谐的工作氛围也消失了，索尼也就开始逐渐衰败。

分析

现在有越来越多的管理人员注重绩效管理，很多管理人员甚至把绩效管理等同于 KPI 考核。他们认为把员工的利益和考核结果挂钩就能够驱动员工去实现他们所期望的结果。

但是从上述索尼的案例故事来看，索尼并没有能够实现他们所期待的提升，反而是让员工失去了创新的精神。他们的老领导井深大没有做 KPI 考核，反而培育出了激情集团，让索尼在创新上占据领先。所以，天外伺郎认为是绩效主义毁掉了索尼。

我们仔细研究案例就会发现，引起员工反感的并非绩效制度，而是管理人员冷冰冰的管理方式，他们把研发人员当成是赚钱机器，而不是像井深大那样尊重研发人员，听取研发人员的工作意见。这种管理方式让研发人员失去了创新的激情，最终导致索尼走向平庸，这是管理人员的绩效激励的手段出现了问题的结果。从马斯洛的需求层次理论来看，人们在低层次的生理需求、安全需求得到满足之后就开始重视社会需求、尊重需求、自我实现的需求。而索尼的管理人员把员工当成是赚钱的机器，采取金钱的方式激励员工，对于那些渴望交流、喜欢尊重的研发人员来说是一种侮辱，最终导致他们失去了工作的激情。激励无法取得期望的成果，但这并不是绩效管理的错误，只是运用不当而已。

如果管理人员不关注绩效成果，只希望团队和谐，很难相信团队会取得成功。即便是井深大，肯定也不是无条件地放任研发人员，对研发人员百般迁就，而是有目标和追求的。他愿意听取研发人员的意见，不只是为了让对方高兴，而是希望从他们的意见当中找出能够提升绩效，更好实现研发创新的思路和方案。如果只是尊重研发人员，愿意听取他们的意见就可以做好管理，那招聘一个老好人来管理他们就可以了。

管理人员需要懂得用员工所喜欢的方式去激励他们，而不是用自己所喜欢的去激励员工。根据员工的需求层次特点采取针对他们的激励措施。上述案例中，针对需求已经达到体面和有尊严、自我实现的员工，管理人员需要懂得采用精神方面的手段去激励他们。要像井深大一样，积极听取他们的意见和思路，甘愿辅助他们，帮助他们推进工作。不要时刻以管理者自居，要更多地扮演服务者的角色。

现在民企普遍遭遇人才困境。有的民企甚至开出超过知名企业标准的薪水吸引人才，但都很难得到人才的青睐，很大程度上和民企的工作氛围存在一定关系。民企的老板觉得自己支付了高薪，就期望员工事事让自己称心，这种不重视人才的想法将导致人才流失。前面案例中李总对待宋总就是这样一个典型的做法，最终让高薪挖来的宋总产生了陌生感而离开公司。

如果李总能够主动多和宋总谈心，多听取宋总的管理思路，找出双方的契合点，辅助宋总进行改革，提醒宋总可能遇到的问题，帮助宋总完善他的改革思路，而不是自己搞一套来约束宋总的改革，相信李总的公司会取得更好的发展业绩。人才需要能够让他们充分发挥的空间，给他们发挥的空间，他们才能更好地为企业创造价值。

只懂得用钱激励的做法是狭隘的，但如果完全不用钱激励那就是欺骗了。现在有些公司走到另外一个极端，总是给员工洗脑，就是不给予金钱奖励。对于员工来说，金钱是保障物质生活的基础，没有了金钱一切需求都无从实现。所以企业必须懂得用钱去激励员工。对于基层员工来说金钱往往是最高效的激励手段，对于采用计件制的企业，几乎能起到立竿见影的效果。

物质激励不仅对低层次需求员工极为有效，即便对于高层次需求的员工，物质激励手段也是必不可少的。对待高层次人才，尊重和帮助他们自我实现至关重要，但这并不意味着对高层次人才就不用物质激励。华为以狼性文化闻名全国，但华为的薪酬之高也是全国有名的。没有这种高薪作为基础，很难想象华为的员工能够拼命工作。物质始终是基础，只是对于高层次需求员工要逐步增加精神方面满足的比例。通过增加精神激励、优化激励手段，进一步提升高层次员工的工作积极性。

现在的就业市场出现了一个趋势，越来越多的新生代就业人员更看重工作环境和发展空间，他们也很关注企业的人际关系。随着社会的发展，越来越多低级别的员工在基本生活需求获得满足之后会追求更高层次的需求。在这种时候，单纯提升工资就很难高效地满足这些员工。管理人员应该优化工作环境，给员工提供必要的培训，帮助员工在企业内部建立良好的人际关系，才能更好地激励员工努力工作。

年轻员工往往缺乏经验，缺乏信息渠道，他们自行探索的代价往往不菲。而管理者往往拥有下属欠缺的经验和信息，也拥有更强的判断能力，这使管理人员有能力指导下属更快、更好地成长。管理人员通过加强和下属的沟通，了解他们的需求，帮助他们成长，往往就能够起到简单加薪无法实现的激励作用。

而对于年长的高阶员工，他们往往具备丰富的工作经验，能够游刃有余地处理自己的工作，他们的人生观已经形成，成长的动力也有所减弱。在这个阶段，成长不是他们最迫切需要的，他们往往更需要人际关系和尊重。在确保结果的基础上，和他们维持良好的人际关系，尊重他们，真诚地称赞他们的优秀表现才是最重要的。

此外，精神激励比较节省金钱。在企业规模较小，缺乏资金的时候，管理人员要懂得在情感上和员工交流。企业推出员工生日庆祝会、员工聚餐不失为有效方法，但不少企业在操作中走入了误区，往往是把这些活动搞得如同例行公事，整个过程缺乏情感交流。一些管理人员甚至根本不参加这种活动，让活动失去了初心，自然也就难以发挥作用。

一些管理人员抱怨一代不如一代，其实是自己与时代脱节的征兆。每一代人都会有变化，管理人员应该根据员工的变化及时调整自己的管理手段。管理人员要深入了解员工，摸清他们的需求，根据他们的喜好采用有效的激励手段，而不是抱着过去的老办法不肯改变。有效的管理者懂得根据被管理员工需求的变化调整自己的激励模式。

第六章 沟通管理

1. 沟通的必要性

案例

秦总是一家企业的创始人、老板，他一向喜欢简洁快速的工作作风。对于他发布的指令，下属必须无条件地想办法去完成。他认为中小企业不需要沟通，只需要执行力。效率才是企业的生命。

但是最近几年，秦总的公司一直没有什么发展，跟在他身边的管理人员也像走马灯一样换来换去。秦总觉得现在团队缺乏执行力，他非常喜欢那篇关于彭蕾工作态度的微信文章：无论马云的决定是什么，我的任务就是帮其成为最正确的决定。他转发了这篇微信文章，要求所有的管理人员学习这篇文章的精神并且交学习心得。可是最终的结果让秦总很恼火，到了规定的时间，大多数人都没有交学习心得，理由是工作很忙。交过来的学习心得也是言之无物，明显在应付秦总。

秦总就自己公司缺乏执行力的问题和一位做管理的朋友沟通。朋友告诉秦总，对于现在的员工，强制的命令已经越来越行不通，要善于沟通，通过沟通发挥员工的工作积极性。秦总听了将信将疑，但自己又没有更好的办法，就抱着试试看的态度和下属沟通工作。

经过一段时间的尝试，秦总感觉沟通根本就没有什么效果。过去自己只需要一个命令，员工就马上行动。现在反复沟通，下属也很难提出什么有价值的意见。不仅没有提升工作效率，反而还要应付他们一些幼稚的问题，浪费了自己很多时间。

分析

不少管理人员都希望自己的手下和彭蕾一样，不论对错，无条件地执行自己的命令。管理这样的员工最省心，效率最高。但从结果来看，这种管理思路往往容易导致团队缺乏执行力。这似乎成了一个悖论，管理人员认为效率最高的管理模式，最终却没有效率。

这些管理人员的错误在于他们只看到彭蕾对马云决定的服从与支持，没有看到彭蕾为什么服从和支持马云的决定。马云成功预见到互联网的巨大商机，东奔西走为公司引入了雅虎、孙正义等重量级的投资者。能够做出这些业绩的人本身就有很强的号召力，而那些在困境中挣扎的小老板往往并没有什么有说服力的成绩证明自己将成为成功的企业家。让下属像彭蕾服从马云一样服从自己，实在很难让员工心服口服。管理人员首先应该通过高质量的决策和自己强大的行动力获取下属的认同。而不是寄希望于下属无条件地认同自己。

不少管理人员倾向于通过团建活动来提升团队的执行力，案例中秦总要求下属学习彭蕾讲话的精神也是希望通过这个学习来提升员工的服从度。

但正如秦总的团建活动失败一样，其他很多类似提升执行力的洗脑活动都面临着收效甚微的窘境。原因很简单，这种团建活动只要求员工服从，却没有给员工一个服从的理由。员工是有思想的人，不是被动等待指令的机器，他们会自己作出判断，接受他们认为合理的指令而拒绝那些他们不认同的指令。所以，如果管理人员本身的行为和决策无法让员工认同，就很难提升员工对自己的服从度。

现在就业机会相对较多，员工往往拥有较多的选择。在这种情况下，员工不仅关注物质的回报，他们还会随着物质需求的满足产生更高层次的精神需求。他们越来越渴望受到尊重和自我实现。管理人员简单粗暴的命令将越来越难以获得员工的认同，没有认同，执行力就会大打折扣。

对于很多员工来说，管理人员与员工沟通本身就是尊重他们的一种重要表现。一个不愿意和员工沟通的管理人员不太可能尊重员工，越来越多的员工不希望自己只是一个执行的工具。越是聪明、能力突出的员工，越是希望能够有机会深度参与决策，甚至自己做决策。这种变化符合马斯洛的需求层次理论，也符合有能力的员工的利益。有能力的员工不仅希望通过工作获得尊重和满足，更希望借助工作提升自己的能力，积累有价值的经验，为未来应对更高的挑战做好准备。要想提升这些员工的执行力，就必须让他们了解工作本身的意义，给他们适当的机会参与决策，甚至允许他们做出一些决策。这样会给他们带来更多的成就感，同时让他们能够更快成长。帮助员工理解目标本身的意义，探讨更合适的解决方案，合理授权，这些都需要建立在充分沟通的基础上。沟通还能帮助下属更深刻地了解工作目标，懂得适时根据情况变化采取应变手段。和被动地执行上级的决策不同，经过沟通之后执行人员往往更懂得把握方向，根据实际情况做出适当的调整，表现出来的执行力也更强。

管理人员认为自己的决定是对的，下属只需要认真执行。这种想法的背后是对下属的精神需求和成长需求的忽视，最终必然导致下属缺乏积极性，人员流失率高，进而影响到工作的执行力。对于管理者来说，只是自己明白是不够的。管理人员不仅需要关注工作任务的进度，还需要关注团队的成长。而帮助下属成长最重要的途径就是通过工作的沟通来培养下属，让下属能够从工作沟通中学习如何做出更合理的决策，了解工作的方向。

此外，从执行者的角度来看，管理人员觉得正确的方案未必就是一个完美的方案。由于大家的角度不同，往往看到的问题也不同。管理人员的决定往往更关注公司或部门的工作目标，但是在方案的可行性方面则容易出现疏漏。毕竟，多数制定方案的领导很难设身处地地考虑执行的困难。不可行的方案最终会影响下属对自己的信任，进而影响员工的服从度。

有的管理人员可能会像秦总案例中一样尝试和下属沟通，但是效果不佳。他们担心沟通本身没有解决任何问题，反而浪费了时间。实际上团队绩效高往往并不在于他们行动有多快，而在于他们能够一次把事情做对。而绩效差的团队则往往多次重复做一件事。所以，沟通的重点并不在于让员工尽快行动，而在于让员工能够充分理解工作的意义，找出合理的工作方法。沟通过程耽搁的时间会在执行过程中节省。秦总只看到沟通过程浪费的时间，没有看到以后执行到位可能带来的时间节省，最终导致他对沟通持否定态度。

要想让沟通发挥作用，沟通技巧很重要。首先，管理人员沟通必须要有耐心，不能期望一夜春风来，千树万树梨花开，要理解冰冻三尺，非一日之寒，形成良好的沟通氛围需要耐心和决心。管理人员还必须宽容地对待下属提出的问题，耐心解答他们的疑问而不是粗暴地打击他们。提出高超的见解的能力不是一天就能练就的，信任也不是一天可以形成的。只有管理人员能够宽容、耐心对待偏颇的、不完善的观点，大家才敢畅所欲言，团队才能碰撞出更多的火花，团队成员的能力才能不断提升。

管理人员需要控制沟通的范围和尺度。下属渴望沟通往往都是因为已经积累了一定的能力，已经具备了参与话题的能力，才渴望通过沟通展现自己、验证自己的想法。但如果话题超出他们的能力，多数员工就会失去兴趣。所以管理人员要懂得循序渐进，选择和下属能力相匹配的、局部的问题进行沟通，等他们能力提升之后逐步提升沟通的难度和范围，引导他们逐步参与更深入的决策。这样才能在保持沟通效率和培养团队之间形成合理的平衡，既能完成团队的工作任务，又能保持团队的健康发展。

为了保障沟通的效果，管理人员可以对问题进行适当的限定，缩小沟通的范围，这样一方面可以避免问题过于复杂，下属难以参与的情况，另一方面也可以避免讨论过于发散，难以形成有效的讨论。比如让下属讨论如何增加企业的销售额这个题目范围就过大，如果下属能力不够，很容易导致沟通冷场，或者沟通的质量低下，难以实现有价值的沟通。如果和销售经理进行沟通，可以选择到底应该重点拓展哪些产品和客户的问题；如果和销售员进行沟通，则应该谈谈怎么提升成单率。这样沟通，更能激发员工的参与兴趣，也更能产生效果。

管理人员还会碰到一种棘手的情况，如有些下属缺乏正确的自我认知，期望参加过高层次问题的沟通。如果不允许他们参与，可能会让下属认为领导不是真诚地鼓励沟通，让他们参与，又会因为低水平的沟通浪费时间。这个时候，管理人员只需要提出一些关键问题让他们思考。如果他们的能力无法达到对应的层次，他们应该无法做出恰当的回答。管理人员只需要在得到他们的回答之后指出他们的欠缺之处，鼓励他们继续学习。如果他们的表现超出了管理人员的预料，达到了沟通所需要的水平，就可以提前让他们参与对应层次的问题沟通，帮助他们更快成长。

沟通本身不是目的，但是很多目的都需要通过沟通来实现。在员工的自我意识越来越强的今天，沟通在管理中发挥的作用将越来越大。

2. 有效沟通三角模型

案例

张总让吴经理负责部门的流程梳理工作。由于没有专职人员，吴经理自己本身还有其他工作，感觉自己时间不足。在他的请求下，张总同意吴经理抽调几个同事配合他进行流程梳理工作。吴经理首先想到的人选就是同一个部门的同事小路。小路以前在大企业工作过，熟悉流程规范，思维敏捷，来公司也有一年了，熟悉公司情况，是一个好帮手。于是吴经理决定抽调小路过来帮忙。

吴经理说："小路，张总让我来负责我们部门的流程梳理工作，我觉得你比较适合这个工作，这项工作就交给你吧？"

小路面有难色地说："不行啊！现在是交付旺季，现在手头的工作已经压得我快喘不过气来了。真的没时间啊！"

吴经理感到有些不快，说："流程梳理是大事，这项工作做得好，将大大提升部门的工作效率。作为部门的一员，我们每个人都应该积极参与，为部门未来的绩效提升奉献力量。你还是再考虑一下吧？"

小路说："真没时间。我这边订单的交付任务非常重，你也知道公司很重视交付，万一出了问题，谁担当得起？"

吴经理有些火了，说："别动不动就拿交付压人。那些事情都是例行公事，能有多大工作量？再说了，你说自己忙，也没见你加班啊？"

小路也不高兴了，说："出货的数据系统里面都有，工作量也是明摆着的。你不信自己查去！"

两个人不欢而散。吴经理认为是小路的心态有问题。

分析

相信有不少管理人员都碰到过和吴经理类似的问题，往往也会像吴经理那样认为是员工的工作心态有问题。但在这个案例中，吴经理的沟通存在一定的问题。

管理人员必须懂得人的天性，管理也应当顺应人的天性。让员工违背他们的利益来配合管理，注定难以获得支持。如果为了实现这种管理目标，强行推进就有可能面临和吴经理一样的结局，员工产生抵触情绪甚至反抗。最终团队出现裂痕，工作也难以推进。

在销售旺季，领导通常对出货极为关注。小路正需要旺季提升自己的 KPI 指标，为以后的提升做好铺垫。在这个关键时刻，让他为了别人的工作放弃让自己工作出彩的机会是违背人性的。吴经理要求小路为团队工作效率提升做出奉献，这种大道理在加薪、升职这些现实的利益面前往往显得苍白无力，没有多少人能够做出这种牺牲。如果强制要求，往往反而会激发对方的抵触和反抗。

吴经理的错误在于他完全忽视了小路的个人利益，只考虑团队的利益（其实也是他自己的个人利益），这种沟通当然很难得到对方的认同。对于很多员工来说，不怕付出，就怕付出没有回报。流程理顺了对小路能有多大好处？也许他会因为出货出了问题而无法加薪升职，也许因为某个重要的订单没有及时发货，他要被迫离开公司。所以，在这种情况下，让他为了部门的效率提升而拿自己的前程冒险是不现实的，沟通当然也是不可能成功的。

要想让沟通有成效，吴经理就必须兼顾小路的个人利益。首先，是否能够帮小路消除可能影响他个人业绩的后顾之忧，是否能够找人协助小路，让小路可以两边兼顾。其次，小路参与流程梳理项目，肯定要额外付出很多劳动，吴经理应该考虑公司是否能够给他额外的奖励，自己能否为他争取到福利待遇、发展机会等问题。对于公司来说，流程梳理是为以后的业绩提升做准备，是一种投资，为相关参与的人员提供一定的福利和奖励也是应当的。“既想马儿跑得快，又要马儿不吃草”的管理是很难行得通的。如果最终项目失败，反而可能给公司带来更大的损失。如果吴经理能够提供足够的利益补偿，小路接受建议参加项目的概率就会大大提升。

所以，吴经理应当在沟通之前就考虑到各方的利益，预先要设计出可以让参与各方都可以接受的利益分配方案，而不是完全只考虑公司单方面的利益，或者完全不考虑对方的利益。他必须明白如果失去了员工的支持，公司的利益最终也难以得到保障。如果他能考虑到这些潜在的利益平衡问题，预先申请了一定的资源，和小路沟通时就会拥有更多的筹码，也更容易达成一致，在以后的工作中更容易得到团队成员的支持，项目更有保障，也更容易实现公司的利益。

我们可以设想一下，如果吴经理因势利导，用利益打动小路，沟通的效果很可能完全不一样。

吴经理：“小路，张总希望对我们部门的流程进行梳理，提升工作效率。公司领导都对这个项目非常重视，张总亲自担任组长。我是项目副组长，负责具体筹备工作。我觉得你思路清晰，又有大公司流程工作经验。你来我们公司也有一年了，各方面情况也都很熟悉，非常适合参加我们这个项目。所以，我第一个就来找你，怎么样，我们一起干吧？”

小路面有难色地说：“不行啊！现在是交付旺季，现在手头的工作已经压得我快喘不过气来了。真的没时间啊！”

吴经理说：“你说的我理解！我们公司发展快，事情总是很多。现在又是旺季，你那边的压力肯定不小。这还幸亏是你负责，如果让别人干，说不定早出乱子啦！”

小路有些不好意思，说：“吴经理，不好意思啊！如果我有空了，一定帮你。我就是怕两边工作都很重要，自己分身乏术，万一出了问题就不好交代。”

吴经理拍拍小路的肩膀，说：“你这说哪里话！大家都是兄弟。我其实已经考虑到了这一层，预先就向领导请示过了。他现在一切以流程梳理为重，其他工作都可以协调。所以，你那边工作我们找人协助你完成，帮你腾出时间来做流程梳理工作。你看怎么样？”

小路还是面有难色，没有说话。

吴经理继续说：“你过去的工作经验很有价值，工作能力和态度也有目共睹。但要想更上一层楼，还欠缺一个展现自己才华的好机会。这个流程梳理项目是领导亲自挂帅的项目。你作为项目的骨干成员，相信一定有很多机会在领导面前展现自己的才华。”

小路听到吴经理这么说，脸红了，连忙说：“吴哥，我不是那个意思。我知道您一直关照我。我只是担心工作做不好，反而给您添乱。我这边都没问题，什么时候需要，就您一句话！”

这个沟通得到了一个完全不同的结果。在现实中，这样沟通成功的概率也会高很多。其实沟通的对象并没有什么不同，不同的是沟通的方式。和前一个沟通相比，第二个沟通把参与流程梳理为公司积极奉献，变成小路应当借此机会在大领导面前展现自己的能力，获取升职机会。一旦小路意识到流程梳理工作对自己以后前途的重要性，让小路积极参加这个项目就变得异常轻松了。

此外，吴经理还针对小路担心两边兼顾，交付出问题的顾虑提供了可行的解决方案，找人分担小路的工作。帮小路消除了后顾之忧，这样小路才能放心地参与到流程梳理项目中来。这也是针对小路的利益提出的有效对策。

此外，还需要注意一点，第二个沟通场景之所以能够取得成功也与吴经理在沟通中体现的积极的情感有很重要的关系。首先，他说的是一起干，而不是跟着干，提高了小路的地位，让小路感受到了尊重，为后续的沟通奠定了良好的感情基调。在小路拒绝自己的时候，吴经理马上表示了对小路的理解，肯定小路理由的合理性，还主动称兄道弟拉近双方的关系。这种情感的认同能够最大程度消除沟通中的负面情绪，让对方愿意听取自己的意见，使沟通取得更好的效果。从案例当中看也是如此，小路在得到了吴经理的认同之后，自己都会觉得拒绝吴经理很难为情，并表示自己有空就一定会帮吴经理。哪怕这只是一句客套话，但也足以说明小路已经在情感上认同了吴经理。这句客套话也让吴经理有机会把准备好的对策抛出来继续游说小路。当吴经理告诉小路自己已经请示过领导，领导同意找人分担小路的工作的时候，小路就很难继续拒绝吴经理了。

沟通首先是一个情感交流的过程，没有情感的认同，沟通根本无法进行。其次，沟通必须通过有效的信息传递来完成，简单明了、条理清晰的表达能够让对方快速了解自己的意图，提升沟通的效率。而要想最终获得对方的支持，合理的利益分配至关重要。就像案例中第二次沟通之所以成功，很大程度上是因为吴经理向小路提供了足够的利益。好的沟通往往都需要兼顾如图 6－1 所示的模型中感情、信息、利益三个要求。

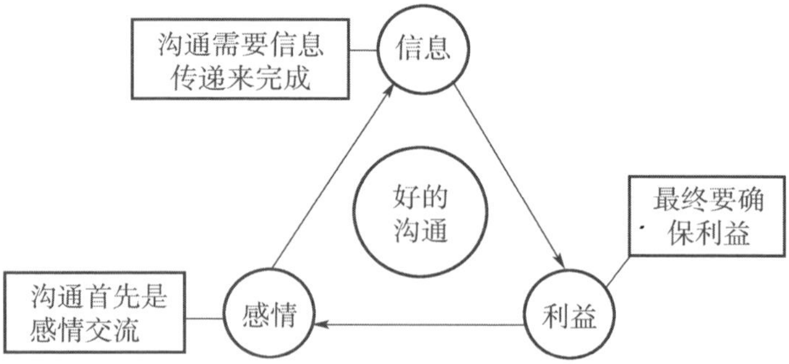

图 6－1　沟通模型

3. 向上沟通工具：PREP

案例

李经理是一家成长型公司采购部经理。今天他碰到了一桩头疼事，他的一个供应商DC公司的王老板要到公司拜访，希望能够见一下公司总经理陈总。李经理知道陈总工作很忙，这种供应商要求见面的安排陈总很可能不会同意。李经理有心拒绝王老板的要求，又担心会影响双方的合作关系，目前李经理很需要DC公司的支持与合作。他犹豫再三，最后还是鼓起勇气走向陈总的办公室，陈总盯着电脑屏幕正在忙。李经理敲了敲陈总办公室的门，这时陈总才抬起头来，示意李经理可以进去。

李经理先向陈总汇报了一些工作上的问题，然后假装随意地告诉陈总DC公司王老板要来公司拜访。看到陈总没有什么反应，李经理又赶紧说了一些DC公司以前支持采购工作的事实，指出王老板对公司的业务非常支持。这时候陈总突然插话问："你跟我说这些，是有什么事吗？"

李经理感觉有些紧张，鼓起勇气说："我想请您见一下这位王老板。"说完就看着陈总，陈总也看着李经理，双方沉默了一会儿，陈总说："我现在很忙，你见就可以了。"

李经理只好沮丧地离开陈总的办公室，心里还在纠结，现在怎么跟王老板说呢？王老板会不会有意见呢？

分析

与上级沟通的时候，很多人都和案例中的李经理一样存在较大的心理压力。很多时候，这种压力使得他们沟通的时候畏首畏尾，更容易失败。案例中的李经理沟通之前就担心上司陈总不会同意见面，这种心理负担导致他更难准确把握陈总的诉求。虽然他很努力地帮供应商的王老板说话，但仍然无法得到陈总的认同，最终还是失败。

对于这个案例，从沟通技巧的角度来看，出现这种结果几乎是必然的。无法激起对方兴趣的沟通往往都会失败。沟通需要三个要素：情感、信息和利益。对于工作沟通来说，利益尤其重要。李经理最失败的地方就是没有能够让陈总看到利益。对于见王老板能让陈总得到利益，李经理没有给出充分的理由，陈总拒绝也就是必然的结果。

上司往往时间都比较紧张，越是高层越是如此。他们如果短时间内没有发现沟通的意义就很可能会中断沟通。所以，和上司沟通，不仅需要遵循沟通的三要素原则，还需要在很短的时间内完成沟通。李经理絮絮叨叨地说王老板对采购工作的支持也许是想把见王老板的必要性说得更明白。但从沟通效果来看，这种过于冗长的铺垫反而让上司失去了沟通的耐心，导致失败。

所以，下属在向上级汇报的时候，一般来说采取简洁有力的沟通方式更容易获得上司的认同，提升自己职场的成功率。在这种情况下，采用 PREP 沟通模型将有助于提升沟通的效果。

PREP 沟通模型分为四个部分：观点（point）、理由（reason）、证据（evidence）、观点（point）。首先陈述观点，让领导明白自己的意图，然后说明自己的理由，接着提出支撑自己理由的证据，最后再次强调自己的观点。这种沟通模式的好处在于简洁快速、逻辑清晰。这种清晰的逻辑结构能够帮助对方快速做出判断，有助于自己获得上司的认同，得到期望的沟通结果。所以，PREP 沟通模型非常适合对上沟通。

对于领导来说，他们的时间紧迫，通常都不希望下属占用自己太多时间。下属在向上司沟通请示工作的时候，让上司快速理解自己的工作意图至关重要。上司理解了自己的意图，也许马上就能够做出判断、快速发出指令，这样就可以节省上司的时间。案例当中的李经理为了让陈总同意和供应商王老板见面，预先做很多铺垫，反而让陈总不清楚李经理的意图，进而产生了烦躁的情绪。他中途打断李经理的陈述就是这种情绪的反应。到了这种局面，沟通其实基本上已经失败了。

不少职场人员碰到这种情况往往会认为自己准备不够充分，认为下次要准备更多信息来说服领导，这样做往往只会导致更糟糕的局面。真正解决问题的方案应该从领导的特点入手，采用更简洁的方式沟通。

多数领导都是结果导向型的。一旦他们明白下属的观点，他们就会马上进入结果导向模式：这对我有什么意义？能给公司或者部门带来什么？而 PREP 的第二个环节——理由，刚好解决了领导的疑问。这种节奏的契合本身也会让沟通更顺畅，而顺畅的沟通节奏更容易得到领导的认同。所以，第二步应该是告诉领导自己这个观点的理由是什么，说得俗一点就是说明这样做有什么好处。这种沟通模式也符合沟通三角模型中对于利益的要求。

在这里需要特别注意，能够打动上司的利益一定是上司认同的利益，而不是下属自己认为的利益。在这个案例当中，李经理强调供应商王老板的配合就对陈总缺乏说服力，因为这都是采购的利益，并不是陈总或者公司的利益。这也是陈总不肯花时间和王老板见面的一个重要原因。李经理要说服陈总，必须表明陈总或者公司的利益。谁受益，谁积极，这是人的本性。用利益而非道理引导别人，不仅对下管理应当如此，对上管理也是如此。

如果利益能够打动领导，那么领导下一个关心的问题往往就是是否真实。所以，这个时候下属应当摆出证据，证明这些理由，这样才能消除上司的疑虑，进一步打动上司。

证据的形式可以多种多样。对于喜欢学习先进模式的领导，可以告诉他们同行先进企业都采用这种模式；对于喜欢做大做强的领导，可以告诉他们对标的大企业就是这样做的；对于喜欢数据的领导，可以搜集、提供相关数据参数来佐证自己的观点；对于喜欢眼见为实的上司，最好能让他实地考察一番。也就是说我们的证据必须符合领导的标准。符合度越高，越容易说服领导。反过来，即便证据很可靠，但如果不符合领导的习惯，也很难说服领导。比如，对于感性的、对数据不敏感的领导，大量的数据只会让他们意兴阑珊，最终方案就很难通过。这个时候，还不如一个完美的效果图更能打动他们。

如果证据得到了领导的认同，最后就应当回到自己的观点，再次强调自己的观点。这样做的好处有两点。第一，这样做让领导知道自己的话已说完，该领导自己表态。第二，避免领导思路跳跃到其他问题上而忘记沟通者的目标。如果其中的某个细节勾起了领导的思绪飘出很远，没有及时收回来，导致领导没有做出决策，那就是沟通无效。所以，最后要通过强调自己的观点把领导的注意力拉回到要沟通的目标，敦促领导做出决定。

如果运用这个 PREP 沟通重新来设计整个沟通的过程，也许会按以下节奏去走。

李经理："陈总，明天下午，您是否可以抽一点时间见一下 DC 公司的王老板？DC 公司目前是我们金属面板的战略供应商。您知道我们对金属面板的质量要求很高，能够满足我们要求的供应商不多。目前我们的订单批量一般都是 20PCS 以下，供应商开发存在一定难度。但是 DC 公司的王老板眼光很长远，非常看好我们的长期发展。他们的配合度一直很高，愿意大力支持我们公司的发展，并且希望强化和我们公司的战略合作关系。所以，我这才请示您，希望您能够拨出一点时间跟王老板简单聊几句。您看可以吗？"

比较两次沟通的差异，可以看出采用 PREP 的沟通更清晰、更连贯，当然也更容易获得认同。人往往都会倾向于赞同让他们舒服的东西。

此外，这个沟通的过程也很好地体现了沟通的情感因素。李经理一直是以建议的形式和陈总沟通，而且始终让陈总去做选择，并没有把自己的想法强加给陈总，认为陈总理所当然地应该和王老板见面。此外，李经理在沟通过程中注意维护公司形象，虽然公司目前还比较小，难以找到合适的供应商配合，但李经理并没有因此像第一次沟通中那样贬低公司。李经理通过强调 DC 公司王老板有远见，看好公司的发展而恭维了王老板，间接地抬高了自己公司的形象，更容易得到陈总的认同。

此外这个沟通信息表达也很清晰，战略供应商、订单 20PCS 以下这些相关信息很清楚地说明了会见这个供应商的必要性。简单清晰的表达更能帮助陈总理解李经理请求的合理性，更容易得到陈总的认同。

4. 提升会议效率的方法和原则

案例

公司的产品交付最近问题很多，刘总决心开会找出产品交付问题的解决对策。会议上，销售部门首先开炮，列举了最近多张订单的产品交付延误的情况，并强调这些延误对市场拓展有严重的负面影响，强烈要求公司内部部门立即找出解决对策。刘总马上强调市场拓展的重要性，要求相关部门解释这几单的产品为什么不能及时交付产品。一个问题一个问题地来，首先让计划部门解释。

计划部门表示这个订单没能及时交付产品是因为没有编码，而没编码的东西都是由研发部门负责。销售部门认为这是计划部门在找借口，这个产品是第二次做，不可能还没有编码，计划部门则坚持说这个产品确实没有编码，可以和研发部门对质。大家一下子把眼光都转向了研发部门。研发总监沈总对这个问题很意外，只好找来了负责新产品转产的项目负责人陈经理。陈经理承认这个产品确实在以前做过一次，确实还没有编码。

于是大家开始纷纷发表意见认为公司的流程需要完善，要根据 ISO，写我所做，做我所写。如果严格按照 ISO 操作就不会出现这样的问题。

陈经理听到这些意见之后，抱怨目前任务多，时间紧，很多项目都是只做了一次就没下文，都做流程，做文件，速度慢，成本高。现在公司的新项目层出不穷，都做文件的话，自己就需要加人手，否则根本忙不过来。

沈总也强调说研发部门现在的工作量非常大，每天都加班。刘总连忙表示了认同。

物流部袁经理发言说销售应该做一个区分，如果是一次性的项目，就尽量简化工作，避免给研发部门带来太大的工作量。但如果后续有需求，应该事先通知内部资源部门，做好文件、资料归档工作，避免下次订单来的时候，无据可查，影响交付。

销售部陈总抱怨说：公司的服务和支持这么差，产品交付经常延误，做过的东西自己都不知道当初是怎么做的，销售怎么可能搞定客户？客户怎么会给第二次机会？

看着互相争吵的几个部门，刘总也不知道怎么办了。

分析

会议议而不决是困扰很多公司的问题，不少公司都在会议室里贴上了“议而必决，决而必行，行而必果”之类的宣传口号，但现实当中往往都很难落地成为公司真正的行动准则。有的公司甚至召开了提升会议质量的会议，但往往只会制造更多的会议，很难提升会议质量，真正产生效果。有专家提出会议的数量和一个公司的管理水平成反比，这个观点得到了很多管理人员的认同。减少会议是众多管理人员共同的心愿。但到底如何削减会议的数量？

会议的数量众多，一个重要的原因就是就同一个问题反复开会。就像案例中的交付会议一样，开到最后不了了之，但问题并没有解决，下次问题严重的时候可能会再次召开类似会议。开会解决不了，就反复开会，会议的数量自然就飙升了。更糟糕的是，越来越多的会议会进一步压缩执行人员的有效工作时间，让他们更难有足够的时间解决问题，工作错漏更多，进而导致更多的会议。最终公司陷入恶性循环。

对于很多陷入会议泥潭的企业来说，要想减少会议数量，首先要提升会议质量，这样才能做到企业所宣传的“议而必决，决而必行，行而必果”。要想实现这个目标，管理人员在会议召开之前就必须先对议题有所研究。不能一有问题就贸然召开会议，对于复杂的问题尤其如此。孙子兵法说：“胜兵先胜而后求战，败兵先战而后求胜。”高明的管理者大致搞清楚了情况才会召开会议解决问题，所以他们的会议质量比较高，更能做到“议而必决”。而平庸的管理者则完全把希望寄托在会议上，一旦问题过于复杂，就可能像上面的案例一样导致议而不决。因为要想实现“议而必决”首先要能决。很多企业往往认为“议而必决”是一个态度问题，但往往这是一个技术问题。案例中刘总想做决断但缺乏决断的能力，最终只能是不了了之。

如果刘总能够在召开会议之前意识到问题的严重性，充分调查、仔细研究，他也许会发现这个问题看起来是执行层面的问题，事实上是战略层面的问题。研发部门和销售部门看起来都很努力，但最终没取得公司期望的成果。从他不敢追究研发部门的责任也可以看出，他不敢通过施加压力继续提升研发部的执行力。执行力没有改善的空间，要解决问题就必须从战略入手。

一个解决思路是增加资源配备。如果市场蓬勃发展，产品毛利较高，企业还拥有可以调配的资源，可以考虑增加投入。通过增加投入改善工作质量，留住客户，进而走上健康发展的道路。但大多数情况下，这种做法都难以实现，首先企业往往未必拥有足够的资源增加投入，其次，投入是否真能留住客户，增加订单也值得怀疑。

另外一个可以考虑的思路是优化经营战略，适当收缩，做精做好。首先，加强客户的筛选，放弃一些把握不大的客户，集中精力解决那些相对有把握的重点客户的需求。华为提出的“力出一孔”的压强原理，就是这个意思。同样的力度在一个点就能产生更大的压力，更容易取得突破。如果刘总能够主动收缩，集中资源，研发就有可能把工作做得更细致完善，为客户提供更好的服务。而销售也不用总是耗费大量时间向内部施压，催货。精减客户数量，销售可以花更多时间研究目标客户，有更大把握把客户吃得更透。通过提升工作效率弥补放弃部分客户和产品带来的损失。这个思路也有可能带领企业走出困境。

但这种决策不是下面的管理人员能够做的，只有刘总才有权做出这种决策。所以他如果意识不到自己碰到的问题的本质，就很难提出合理的解决方案，会议也只能是“议而不决”了。

要想做到议而必决，还必须让相关人员能担当、敢担当。能担当是要选择有能力的员工做决定。如果员工本身不具备能力，他们肯定想不出什么好的办法，这就回到了岗位胜任能力模型。如果工作人员经常无法采取可行的对策解决问题，管理人员需要研究这些员工的胜任力，判断他们是否适合这个岗位，而不是不断帮他们收拾烂摊子。敢担当则是激励层面的问题，管理人员期望下属解决问题，但不少管理人员都忽视了人都是期望付出有回报的。没有回报，最终会让很多人都失去敢于担当的意愿。很多管理人员都认为公司既然付了薪酬，员工就有责任解决公司的问题，往往吝于奖励。最终只能是面对无人敢担当的窘境。

有些解决方案本需要资源投入，比如刘总如果要求研发部门必须按 ISO 操作，很可能就需要配备更多的工作人员负责资料整理、文件归档的工作。如果刘总只提工作要求，不提资源投放，就很难得到研发部门相关人员的认同，最终即便做出决定也难以执行。

一些员工知道公司不肯为解决方案投放资源，他们就不会提出对应的解决方案，避免自己接到这个烫手山芋。工作量增加，而投入不增加，往往会加大解决问题的部门员工或者管理人员自己的工作负荷，增加工作出现错漏的概率，影响他们的工作绩效。所以，与其面对后面的麻烦，还不如一开始就不让上司知道自己有解决方案更稳妥。所有的问题只有管理人员自己一个人操心，最终自己把自己推入绝境。

要想减少会议，还有一个思路是压缩会议时间。所以，明确会议主题，会前分发会议相关信息资料、告知参会人员他们需要准备的问题。这样可以提升会议的效率，缩短会议时间。案例中研发部门沈总不清楚已经生产的产品是否有编码，临时叫下属来参加会议，导致会议时间拉长。如果会议能够事先说明要研究哪些订单的产品交付问题，沈总就能在会议前就调查清楚情况，甚至提出一些解决对策。在会议上毫无防备地被提问，他所做的也就只能是了解情况，很难在短时间内给出合理的解决对策。

会议时间还需要考虑会议的准备时间。现在开会，尤其是大公司开会，都喜欢采用 PPT，唯恐画面不精美，措辞不够外交化，往往为了准备一个会议，很多执行人员要耗费大量的时间搜集数据、整理资料，做出精美的 PPT，这也是浪费时间。而对于很多执行层面的问题，往往在现场对着实物很容易就可以说清楚，根本没有必要召开会议。要用 PPT 说明机器故障、产品质量问题，不如到现场查看故障机器和不良品进行讨论更便捷、更有效。

此外，要减少会议还需要控制会议人员数量。一方面由于会议组织不力，很多管理人员担心会出现意外的问题，所以往往都会带上比较多的下属参加会议，方便自己随时了解情况。另一方面，会议发起人也担心不邀请某些领导会导致领导的不满，而特别邀请和会议关系不大的领导参会。会议发起人还可能会担心漏掉某些人而导致疏漏，所以往往宁可错请一千，不漏一个，尽量邀请更多人参加会议。这也导致每个人参加会议的数量增加。

当然，有些企业权责不清，上司不肯授权，自己又不清楚具体运作，结果也会导致会议人数增加。这些都需要通过优化内部管理去实现建设会议。否则内部的这种病态机制会导致员工参会数量增加，会议时间延长。在这种情况下，管理人员需要转变管理模式，从管控逐步变为顾问式支持。对于日常事务，要把握大方向，放手让下属独立处理事务。对于重要事务，管理人员需要深入了解，避免控而不管。

此外，管理人员还需要优化工作氛围，树立务实进取的工作作风。要鼓励员工直接和相关人员沟通解决问题，不要碰到问题不沟通，在会议上才沟通。问题少了，会议自然就少了。

5. 不同沟通工具的优劣对比

案例

D公司是一家快速发展的高科技企业，他们非常喜欢快速沟通，立即行动。公司认为邮件沟通是官僚化的象征，所以上上下下的领导都采用微信进行工作沟通。为了沟通方便，他们公司成立了大大小小上百个微信群，有什么问题都在微信群沟通。随着公司规模越来越大，微信群越来越多，沟通开始出现越来越多的问题。

公司曾经出现了一个交付延误问题。销售部说自己发过信息要求仓库一定要优先保障这个订单的发货，仓库没有紧急执行。仓库经理则声称自己根本没有收到这个信息。最后销售部翻了很多聊天记录之后找到了当初的通知信息，销售部确实在交付群里面发过这个信息，但当天群里讨论激烈，这条消息很快就被淹没在对其他交付问题的讨论之中。仓库经理辩称自己工作很多，根本没时间时刻盯着微信，但刘总仍然处罚了仓库经理。

后来又出现过一个非标改制没有按照研发要求改制导致质量事故的问题。最后调查的结果也是工程师林工没有看到改制通知的信息，仍然按以前的版本生产而导致质量事故。刘总只能再次处罚并强调一定要关注微信信息，结果这一次林工直接提出辞职。林工是公司工程部的骨干，他辞职所带来的负面效应很快显现出来。因为工程设计不合理导致了更多的问题。很多新的员工整天忙得团团转仍然搞不定，来了还不到一个月就提出要辞职。理由是整天工作都忙得做不完，还要时刻盯着微信群，生怕漏过了重要信息，压力太大。

分析

微信等即时通信工具以其方便快捷的特点得到了很多企业的认同，有不少企业像案例中的D公司一样要求所有的工作沟通都通过微信进行。他们认为这样做可以节省时间，提升沟通的效率。的确，阅读一条微信比打开邮箱看邮件来得便捷省时。但沟通的目的是什么？让发出信息的人更省时间不是沟通的主要目的，准确才是更重要的目的。从这一点来看，微信群沟通存在重大风险。微信的信息会不断刷屏，如果群员较多，发言踊跃，很可能导致大量的口水信息淹没了关键信息，最终导致应当接收信息的人没有获取到信息而出现错漏。一旦出现错漏，所造成的损失往往就远大于方便所带来的收益。所以，当公司规模较小，人数较少的时候，微信沟通的弊端并不明显，但当人数大幅度增加之后，微信群沟通的弊端就日益明显。

如果像案例中的刘总那样要求下属经常关注微信信息，这会导致更多人浪费更多时间。发信息节省了一个人的时间，但是其他很多人都需要耗费更多时间查看里面是否有和自己相关的信息。如果发微信信息的人直接通知仓库或者通知工程部，根本就不会发生这种错误。

不同的沟通方式各有优劣，最佳的方式不是单一使用某一种沟通方式，而是根据沟通目标的不同特点选择不同的沟通方式。合理地运用不同的沟通方式比单一沟通方式更能提升沟通的效率，产生更好的沟通成果，如表6-1所示。

表 6－1　不同沟通方式的特点与适用场景

沟通方式	特点	适用场景
微信 &QQ	快速便捷，信息很容易被淹没，人多容易互相干扰，难以跟踪	少数人沟通，需要发散思维沟通，简单问题沟通
电话	快速，可靠，不受时空局限	紧急问题，简单问题
面对面	快速，信息传递充分	紧急问题
邮件	适合复杂沟通，对方有时间思考，还可以了解情况，阅读信息	重要不紧急的问题，需要长期跟踪的问题
会议	迅速解决复杂问题，避免信息传递损失，马上决策，需要多个人同时参与	重大问题，需要多人参与的问题

可以看到微信沟通因为存在信息不断刷屏更新而导致重要信息很容易被淹没的问题。微信群越大，沟通隐患越大。小规模的微信群则相对比较合适。这就是为什么企业较小的时候用微信群沟通很方便，随着企业规模的增大，用微信群的弊端才逐渐显露出来的原因。此外，由于微信群难以长期持续追踪问题，所以不太适合复杂问题的沟通，更适合简单的沟通，比如一般信息通报、年会方案的选择、头脑风暴、集思广益等。

对于重要工作信息的通知，比如前面案例所提到的发货通知，用电话通知更为稳妥。这样可以防止相关人员工作很忙没有时间看信息而耽搁了紧急工作。电话沟通最大的好处是方便、快捷、可靠性高。案例中负责通知仓库发货的销售人员的一方面声称交付很急，另一方面却不采用最可靠的手段让执行人员接收到信息，其工作方法需要改进。在公司内部，如果是简单紧急的事情，几句话就可以说完的，最恰当的方式就是电话沟通。现在几乎人人都有手机，基本上不存在想找人却找不到的问题，而且耗费的时间也很短。所以，电话在工作沟通中仍然有很重要的地位。

可能有些人认为可以用微信、电话沟通，没必要采用面对面的方式进行沟通。事实上，微信也好，电话也罢，都存在一个很重要的缺陷，缺乏情感交流。而沟通是建立在情感交流的基础之上的。所以，电话和微信的沟通有时候很难获取对方情感的认同，可能会导致沟通失败。而面对面沟通最大的好处是双方可以有情感的交流，可以根据对方的情绪调整沟通的节奏，提升沟通的效果。有些大型的公司，有工作配合的工作人员之间往往都是电话、微信联系，彼此完全陌生，在这种情况下，往往配合度很低，这就是彼此缺乏情感交流所导致的。所以，对于经常采用微信、电话交流的工作人员来说，必须注意增加感情交流，创造感情交流的机会。如果时间允许，尽量采用面对面交流的方式，一方面可以提升工作成功率，另一方面也增进双方的感情。

面对面沟通还比较适合进行一些复杂的沟通，比如沟通操作问题、工作协作等。双方如果都在现场往往更容易发现问题、确认问题，找到解决方案。而且在现场不需要发起方准备很多资料，因为关键信息都在现场，可以省去很多准备沟通材料的时间，确认方案的有效性也很容易。从这个角度来看，面对面沟通值得大力提倡。工作人员应当走到现场去解决问题，而不是坐在办公室等着看下属的汇报。这种管理还有一个好处就是可以直接获取一手的真实信息。

不过电话沟通和面对面沟通都存在一个问题，即口说无凭。所以，对于一些重要的工作，最好在电话沟通或者面对面沟通之后做一个书面的纪要确认。比如发信息或者邮件确认。这样可以预防一些不必要的麻烦。

很多人觉得邮件沟通较慢，不符合现代管理快速反应的要求。实际上邮件沟通最大的优势就在于慢。因为慢，邮件沟通给了对方充足的时间思考、搜集数据、做出判断，然后回复。所以，复杂问题的沟通往往会通过邮件进行。做到一定级别的职位之后，需要面对的往往都是比较复杂的问题，很难在仓促之间就做出正确的回应，这种时候采取邮件沟通往往是更恰当的选择。比如，提议调整公司战略、导入新的 ERP 系统、重塑企业文化，对于这些问题对方很难立即做出回复。如果采用邮件沟通，让对方从容不迫地看自己的意见和资料，了解情况，深入思考之后做出回复更为合理。对于和上司沟通尤其如此，给上司时间，让上司能够选择合适的时间沟通才是正确的选择。而且级别越高的人，面对的重要而不紧急的工作的概率越高，对于这些重要而不紧急的工作，邮件沟通更能让大家充分思考，慎重决策。

会议沟通最耗费时间，需要多人同时沟通。但对于一些跨部门的复杂的工作，往往又需要多个部门参与讨论并做出决策，这时会议往往又是必需的。会议沟通的特点是封闭性，会议场地是封闭的，可以减少外界的干扰，让会议各方把精力集中在议题本身，有助于得到高质量的解决方案。不像微信群讨论，大家可能是陆陆续续参与话题，有的人可能在忙于自己的工作，无暇思考，很可能导致讨论的深度不够，甚至会出现被提过的问题再次被提出来的弊端。回应浪费时间，不回应又容易引发提问人的不满。这也是微信群讨论难以深入的重要原因。

对于我们管理人员来说，不能过于依赖单一的沟通方式，而是要根据自己需要实现的工作目标，需要解决的问题合理地选择沟通方式。这样才能提升自己沟通的效率和质量。

后 记

管理问题纷繁复杂，很多管理人员一旦陷入其中就疲于应付。而优秀的管理人员总是能够抓住关键，游刃有余地应对。面对同样的局面，不同的管理人员得到的结果可能天差地远。管理的诀窍到底在哪里？

不少管理人员都忙忙碌碌却没有成效，这是因为他们总是被各种问题所困扰，在应付各种纷至沓来的问题的过程中耗尽了自己的精力。问题是无限的，而精力是有限的，以有限的精力应对无限的问题，自然是疲于应付。优秀的管理人员则把精力集中在少数关键目标上，致力于实现关键目标，最终成绩斐然。

目标才是管理工作的核心。但实现目标需要资源，最重要的资源是人。所以，管理人员首先需要关注的就是和其他人，尤其是和上司的关系。上司往往是管理人员最重要的资源，失去上司支持的管理人员大部分都难逃失败。其他诸如同僚关系、团队成员关系也会对工作产生重要影响。没有和其他人建立良好的协作关系，管理寸步难行。很多改革之所以失败，往往都是因为缺乏足够的支持。所以，管理人员必须经营好自己的工作关系，这样才能在推动工作的时候得到足够的支持。

有了足够的资源，管理人员可以放手实现自己的目标。但目标从何而来？那么多潜在的工作目标，到底哪些更为重要？管理是调配资源，为客户创造价值的过程。管理工作应当以为客户创造价值为导向，选对目标，规划行动方案，目标分解落实到岗，让每个团队成员都明白自己应该做什么。目标管理就是让团队做正确的事。

仅有目标还不够，要想让整个团队能够正确做事，充分发挥出效率，必须围绕目标塑造合适的文化氛围，建立配套的规章制度，通过良好的文化氛围、合理的规章制度自动实现资源的优化配置。尽量减少人为配置资源带来的行动迟缓、成本高昂的弊端，提升经营绩效。而让文化落地的核心在于付出－回报机制，让员工主动实现工作目标就必须让员工意识到实现工作目标就是实现自己的利益。

实现目标最终还是要靠人。所以，从选聘团队成员开始的人员管理的各个环节都要以实现目标为导向。选人要选择能够实现目标的人；用人的时候多关注其能够实现目标的优点，对于那些不影响目标实现的小缺点不要过于斤斤计较；通过培训提升员工实现目标的能力；留下那些能够实现未来目标的员工，逐步淘汰、分流那些无法有效实现目标的员工；所有员工的奖惩、任免、去留都应该以是否能实现目标为导向。

做好以上的管理工作，绩效管理才具备推行的基础。绩效管理引导管理人员进一步关注工作的有效性，通过结果校正错误的认识和行为，让目标设定、文化塑造、团队建设工作更加合理有效。管理人员也通过绩效管理进一步把员工利益和团队利益统一起来，激发团队成员的工作积极性。

在这个员工独立性日益增强的时代，命令式管理已经越来越难以发挥作用。管理人员需要通过沟通了解情况，获取员工的支持，共同设定工作目标，管理团队成员。沟通的重要性正日益凸显，强大的沟通能力日益成为管理人员的核心工作能力。

如果管理人员能够准确抓住管理的这个脉络，把握好工作的时机，就能大大提升自己工作的有效性，把自己从盲目应对各种问题的混乱当中解放出来，集中精力于真正能够为客户创造价值的目标之中。通过目标的实现为自己获取更多的资源，为自己的工作拓展空间，形成良性循环，最终取得管理的成功！